Manual de actividades que acompaña

Sol y viento: En breve

Bill VanPatten

Michael J. Leeser
Florida State University

Gregory D. Keating
San Diego State University

Tony Houston
St. Louis University

With contributions from:

Ann Abbott, University of Illinois at Urbana-Champaign

Federica E. Bando, University of Illinois at Chicago

Kathryn Bastion

Timothy Gaster, University of Chicago

María A. Pérez, University of Illinois at Chicago

Boston   Burr Ridge, IL   Dubuque, IA   Madison, WI   New York   San Francisco   St. Louis
Bangkok   Bogotá   Caracas   Kuala Lumpur   Lisbon   London   Madrid   Mexico City
Milan   Montreal   New Delhi   Santiago   Seoul   Singapore   Sydney   Taipei   Toronto

The McGraw-Hill Companies

Mc Graw Hill **Higher Education**

Published by McGraw-Hill, an imprint of The McGraw-Hill Companies, Inc., 1221 Avenue of the Americas, New York, NY 10020. Copyright © 2008 by The McGraw-Hill Companies, Inc. All rights reserved. No part of this publication may be reproduced or distributed in any form or by any means, or stored in a database or retrieval system, without the prior written consent of The McGraw-Hill Companies, Inc., including, but not limited to, in any network or other electronic storage or transmission, or broadcast for distance learning.

This book is printed on acid-free paper.

3 4 5 6 7 8 9 0 QPD QPD 0 9 8

ISBN: 978-0-07-328090-5
MHID: 0-07-328090-9

Editor-in-chief: *Emily G. Barrosse*
Publisher: *William R. Glass*
Senior sponsoring editor: *Christa Harris*
Director of development: *Scott Tinetti*
Executive marketing manager: *Nick Agnew*
Project managers: *Jackie Henry (Techbooks), David M. Staloch*
Senior supplements producer: *Louis Swaim*
Freelance photo researcher: *Judy Mason*
Compositor: *Techbooks*
Typeface: *10/12 Palatino*
Printer and binder: *Quebecor World*

Credits:
Page 17 © PhotoDisc/Getty Images; **Page 33** © Sexto Sol/Getty Images; **Page 47** © Odyssey/Frerck/Chicago; **Page 63** © Stephane Cardinale/Corbis; **Page 77** © Courtesy of Nancie King-Mertz; **Page 95** © Brian Hagiwara/FoodPix/Jupiter Images; **Page 111** © EFE, Juanjo Marton/AP Images; **Page 125** © Stephanie Colasanti/Corbis; **Page 141** © MHHE DIL; **Page 157** © Bettmann/Corbis; **Page 171** © Rob Crandall; **Page 189** © Craig Lovell/Corbis; **Page 205** © Corbis; **Page 221** © Tony Arruza; **Page 237** © Ariel Skelley/Corbis; **Page 253** © Eduardo Di Baia/AP Images

www.mhhe.com

Contents

Notes to the Students

Welcome to the *Manual de actividades* que acompaña *Sol y viento: En breve!* The *Manual* is a combined workbook and laboratory manual with additional listening, writing, and pronunciation activities. It contains activities related to the vocabulary and grammar presented in your textbook. It also contains practice with the story line from the *Sol y viento* film.

- Each lesson of the *Manual* contains a **Primera parte, Segunda parte,** and **Tercera parte** that correspond to the same sections in your textbook. Within each of these sections, you will find a set of activities labeled **Vocabulario** and a set labeled **Gramática,** each of which provides additional written and aural practice with the material presented in the textbook.

- Each string of activities within a **Vocabulario** and **Gramática** section ends with a note that directs you to complete a particular activity that will be turned in later. These activities are called **¡Acción!** and appear at the end of the lesson. These activities are open-ended and allow you to demonstrate your ability to use the vocabulary and grammar presented in meaningful contexts. The section of **¡Acción!** activities is designed such that once a lesson is completed, you can tear out the section and turn it in to your instructor for review and evaluation.

  In general, when you complete a **Vocabulario** section in the textbook, you should then complete the corresponding section in the *Manual* and the **¡Acción!** activity that concludes it. As you complete a **Gramática** section in the textbook, you should then complete the corresponding section in the *Manual* and **¡Acción!** activity that concludes it. After completing all **Vocabulario** and **Gramática** sections, you will have completed all **¡Acción!** activities and may turn them in.

- At the end of every "A" lesson (e.g., **Lección 1A, Lección 2A,** and so forth) is a special listening section called **¡A escuchar!** Although the vocabulary and grammar sections also include listening activities, they are designed for learning and practice of the particular target items in those sections. In contrast, the **¡A escuchar!** sections work on honing your listening skills with both pre- and post-listening activities. In addition, particular listening strategies are highlighted and developed (e.g., recognizing cognates, guessing words in context, and so forth). The **¡A escuchar!** activities all revolve around two people, Roberto and Marisela, as they have a conversation about the characters or plot in the *Sol y viento* film. Thus, a byproduct of these listening activities is the modeling of language on how to express opinions, make comments, and so forth—language that is very useful for you as you discuss the film in class.

- At the end of every "B" lesson (e.g., **Lección 1B, Lección 2B,** and so forth) are writing activities called **Para escribir.** These activities focus on having you comment on, describe, and otherwise write about the *Sol y viento* film. Each **Para escribir** section contains three subsections: **Antes de escribir** (pre-writing activities), **A escribir** (drafting activities), and **Al entregar la composición** (peer editing and final draft activities). The idea here is to get you first to think about what you want to say and organize your thoughts. You then draft and rewrite as you see fit and are encouraged to get feedback from others. Finally, you will edit your draft, check your work for correct usage of certain grammar points, and then turn in a polished composition to your instructor.

- To do the listening activities (indicated with a headphones icon in the margin), you must listen to the Laboratory Audio Program to accompany *Sol y viento: En breve.* This program is available for purchase on a set of audio CDs and is also available on the Online Learning Center Website (**www.mhhe.com/syvenbreve**).

- All activities in the *Manual* have right and wrong answers so that you can check your work as you go. Appendix 2: Answer Key contains the answers to the non-audio-based activities. The answers to most audio-based activities are given right on the audio program itself. Some audio-based activities also have answers that are included in Appendix 2: Answer Key and are signaled by an icon (▲).

- For additional practice with vocabulary, grammar, and listening as well as additional work with the *Sol y viento* film, the Interactive CD-ROM to accompany *Sol y viento* provides interactive activities with feedback. The Online Learning Center Website also contains many vocabulary and grammar quizzes to accompany each lesson of the text.

¡Aquí estamos!

OBJETIVOS

IN THIS PRELIMINARY LESSON, YOU WILL CONTINUE TO PRACTICE:

- **how to greet people and make introductions in Spanish**
- **the verb ser and some of its basic uses**
- **the Spanish alphabet**
- **talking about courses and majors**
- **the verb estar and one of its basic uses**
- **naming common objects and people in the classroom**
- **articles and the gender and number of nouns**

PRIMERA PARTE

Vocabulario

Me llamo...

Actividad A Presentaciones

The following statements represent what people might say when meeting for the first time. Put them in the correct order, from 1 to 5.

_____ Igualmente. Carlos, ¿cuál es tu apellido?

_____ Es la doctora Ramírez.

_____ Es Montero. ¿Cómo se llama el profesor?

_____ Hola, Inés. Me llamo Carlos. Mucho gusto.

_____ Hola. Me llamo Inés Delgado.

Actividad B Los saludos

Listen to each statement or question and circle the best response. You will hear each statement or question twice.

> MODELO: (*you hear*) Hola, me llamo Ernesto. ¿Y tú?
>
> (*you see*) **a.** De México. **b.** Igualmente. **c.** Me llamo Juan.
>
> (*you circle*) (**c.**) Me llamo Juan.

1. **a.** Igualmente.   **b.** Se llama Elena.   **c.** Me llamo Ana.

2. **a.** Diego.   **b.** De California.   **c.** Es Martínez.

3. **a.** Mucho gusto.   **b.** Mi nombre es Elena.   **c.** ¿Cómo te llamas?

4. **a.** Se llama Marta.   **b.** Es Goldstein.   **c.** Mucho gusto.

5. **a.** Raúl.   **b.** Mucho gusto.   **c.** Es Jones.

6. **a.** Se llama Miguel.   **b.** Es Fernández.   **c.** Mucho gusto.

 Go to page 15 to complete **¡Acción! 1.**

PRONUNCIACIÓN: Las vocales (*Vowels*)

Paso 1 Compared to English vowel sounds, Spanish vowels are fewer in number, do not exhibit great dialectal differences, and are more consistent in pronunciation. There are five vowels in Spanish: **a, e, i, o,** and **u.** Compared to English, Spanish vowels are shorter and more tense, and they do not experience *rounding* or *flattening* as English vowels do. Take the example of the Spanish word **no.** In English, the vowel is longer and ends in a *w* sound (this is an example of *rounding* because to make the *w* sound, you round and close your lips). The vowel in Spanish **no,** however, is shorter without rounding.

Paso 2 Listen to the pronunciation of "no," first in English, then in Spanish.

English: no   no   no

Spanish: no   no   no

Paso 3 In addition, Spanish does not *reduce* vowels. In English, it is typical for speakers to use an *uh* sound when vowels have weak stress. For example, the word *constitution* is generally spoken with two *uh* sounds in regular speech: con-*stuh*-too-*shuh*n. This *reduction* of vowels never happens in Spanish. Spanish vowels are always consistently pronounced.

Paso 4 Listen to the pronunciation of each word. Repeat after the speaker, trying to pronounce the vowels as best as you can. Don't worry about the meanings of the words; just focus on their pronunciation.

1. **a:** para   carta   papa

2. **e:** Pepe   trece   ese

3. **i:** mi   ti   fui

4. **o:** como   poco   somos

5. **u:** tú   Lulu   guru

Paso 5 Listen to the pronunciation of each phrase. Repeat after the speaker, trying to pronounce the vowels as best as you can. Avoid using the *uh* sound when pronouncing the vowels in boldface.

1. muchas gracias
2. las ciencias
3. una profesora de filosofía
4. una mochila
5. la velocidad

Gramática

Soy de México.   Introduction to ser ✱

Actividad C ¿Cómo se escribe? (How do you write it?)*

▲ You will hear the names of several countries spelled in Spanish. Listen and write the name of each country in the corresponding blank. **Note:** You may wish to review the Spanish alphabet in Appendix 1 of your textbook before beginning this activity.

1. _____

2. _____

(continued)

---

*The answers to most audio-based activities can be heard on the audio program. The triangle symbol next to activities that are audio-based indicates that the answers are found in the Answer Key at the back of this *Manual.*

3. _____

4. _____

5. _____

6. _____

7. _____

8. _____

 Actividad D   ¿De dónde eres?

Listen to each statement and write the letter of the famous person to whom it refers. You will hear each statement twice.

1. _____
2. _____
3. _____
4. _____
5. _____
6. _____
7. _____
8. _____

    a. Gloria Estefan
    b. Nelson Mandela
    c. Vladimir Putin
    d. Celine Dion
    e. Julio Iglesias
    f. Jacques Chirac
    g. Luciano Pavarotti
    h. Salma Hayek

Actividad E   ¿Quién es?

As you know, subject pronouns in Spanish are not always expressed in sentences. Circle the subject pronoun that corresponds to each of the following sentences.

1. Son de Texas.   a. yo   b. ellas   c. nosotros   d. vosotras

2. Es mi profesora favorita.   a. tú   b. ellos   c. ella   d. nosotros

3. ¿De dónde eres?   a. yo   b. tú   c. él   d. ellas

4. Somos de Panamá.   a. tú   b. ellos   c. vosotras   d. nosotros

5. Soy chicana.   a. yo   b. tú   c. ella   d. vosotras

6. ¿Sois españoles?   a. tú   b. él   c. nosotras   d. vosotros

Go to page 15 to complete ¡Acción! 2.

🎧 PRONUNCIACIÓN: Los acentos

Paso 1 Identifying stressed syllables in Spanish is relatively easy. Words that end in a vowel or the consonants **-n** and **-s** are stressed on the next to the last syllable. Listen and repeat the following words. The stressed syllable appears in bold.

1. mo**chi**la (*backpack*)
2. profe**so**ra
3. encan**ta**do (*pleased to meet you*)
4. e**xa**men
5. ape**lli**do
6. **e**res

Paso 2 Words that end in consonants other than **-n** or **-s** are stressed on the last syllable. Listen and repeat the following words. The stressed syllable appears in bold.

1. libe**ral**
2. natu**ral**
3. liber**tad**
4. universi**dad**
5. regu**lar**
6. fa**vor**

Paso 3 Words that do not follow the rules in **Pasos 1** and **2** have a written accent mark to indicate where to place the stress. Compare the following pairs of words. Listen and repeat each word. Again, the stressed syllable appears in bold.

1. **e**res — es**tás** (*you are*)
2. **cla**ses — in**glés**
3. e**xa**men — e**xá**menes
4. co**lor** — **dó**lar
5. ex**pli**co (*I explain*) — **nú**mero
6. prac**ti**co (*I practice*) — **prác**tico (*practical*)
7. je**rez** (*sherry*) — **lá**piz (*péncil*)

Paso 4 Now pronounce the following words using the rules you've learned. When you hear the number, say the corresponding word. Then listen to the pronunciation of each word and compare what you hear with your own pronunciation.

1. aquí (*here*)
2. psicología
3. historia
4. actitud
5. hombre (*man*)
6. mujer (*woman*)
7. plástico
8. bolígrafo (*pen*)
9. teléfono
10. policía
11. dócil
12. practican (*they practice*)

SEGUNDA PARTE

Vocabulario

Las materias

Actividad A Categorías

Circle the general area to which each school subject belongs.

1. el español

   a. el comercio **b.** las humanidades y las artes **c.** las comunicaciones

2. la historia

   a. el comercio **b.** las ciencias naturales **c.** las ciencias sociales

3. la biología

   a. las ciencias naturales **b.** la informática **c.** las ciencias sociales

4. la contabilidad

   a. las ciencias naturales **b.** el comercio **c.** las comunicaciones

5. los estudios latinos

   a. el comercio **b.** los estudios interdepartamentales **c.** las ciencias naturales

6. la administración de empresas

   a. el comercio **b.** las humanidades y las artes **c.** las ciencias sociales

7. la antropología

   a. las ciencias naturales **b.** las ciencias sociales **c.** las comunicaciones

8. la física

   a. las ciencias naturales **b.** las ciencias sociales **c.** la informática

Actividad B Más (More) categorías

Listen to each description, then circle the corresponding school subject.

1. **a.** la biología **b.** la literatura **c.** la física

2. **a.** la economía **b.** la química **c.** la música

3. **a.** el alemán **b.** la antropología **c.** la astronomía

4. **a.** la psicología **b.** la contabilidad **c.** la astronomía

5. **a.** el arte **b.** los estudios sobre el género **c.** la filosofía

6. **a.** la contabilidad   **b.** las matemáticas   **c.** la informática

7. **a.** los estudios latinos   **b.** las comunicaciones   **c.** la administración de empresas

8. **a.** la economía   **b.** la contabilidad   **c.** las matemáticas

Actividad C Descripciones

Match the names with the corresponding subjects.

1. _____ Picasso, da Vinci, Rodin
2. _____ Sócrates, Platón, Aristóteles
3. _____ Shakespeare, Cervantes, Allende
4. _____ Mozart, Bach, Beethoven
5. _____ Freud, Jung
6. _____ Galileo, Copérnico
7. _____ Darwin
8. _____ Dell, Gates, Jobs

a. la astronomía
b. la literatura
c. la biología
d. la psicología
e. el arte
f. la informática
g. la filosofía
h. la música

 Go to page 15 to complete **¡Acción! 3.**

PRONUNCIACIÓN: b/v, d/g

Paso 1 In Spanish, the letters **b** and **v** represent the exact same sound, whereas in English they are different. For example, *bat* and *vat* are two different words in English. If you say the words out loud and stop yourself as you say the initial consonants, you will notice that your lips and teeth are in different positions for each consonant.

The letters **b** and **v** in Spanish are both pronounced like an English *b* at the beginning of a sentence, after a pause, and after nasal consonants like **m** and **n**. Between vowels, **b** and **v** are pronounced like no comparable sound in English. The lips come together like a *b* sound, but air escapes. This pronunciation probably sounds like an English *v* to you, but it is not.

Paso 2 Listen as the **b** and **v** sounds shift, depending on their position.

base
Cuba
va (*he/she goes*)
cava (*champagne*)

Paso 3 The letters **d** and **g** in Spanish are pronounced similarly to their English counterparts at the beginning of words, after pauses, and after nasal consonants. Like **b** and **v**, however, their pronunciation changes between vowels as air is allowed to pass freely between the lips.

Paso 4 Listen to the pronunciation of the following words.

de
cede (*seat* [*gov.*])
gol
vagón

Paso 5 Listen carefully and repeat each set of words. Try to imitate the correct pronunciation of the consonants in boldface.

1. días, buenos días
2. Daniel, tú y Daniel
3. da, nada
4. gato, mi gato
5. gracias, muchas gracias
6. bien, muy bien
7. veinte, y veinte

Gramática

El cálculo y las matemáticas

Naming Things: Articles, Gender, and Number

Actividad D ¿Es típico?

You will hear two options for completing each of the following partial sentences. Select the correct option and then indicate whether the entire sentence represents a typical situation or not.

MODELO: *(you see)* En una mochila típica hay unos...

(you hear) **a.** libros **b.** plumas

(you select and say) libros, y es típico

1. En una sala de clase típica, hay unas...
   ¿Es típico o no?
2. En una mochila típica, hay por lo menos (*at least*) una...
   ¿Es típico o no?
3. En una sala de clase típica, hay unos...
   ¿Es típico o no?
4. En una mochila típica, hay unas...
   ¿Es típico o no?
5. En una sala de clase típica, hay unos...
   ¿Es típico o no?

Actividad E En el consultorio del médico (*doctor's office*)

First, circle the correct item for each article. Then check **sí** or **no** to indicate whether that item is normally found in a pediatrician's waiting room.

				SÍ	NO
1. unos					
a. lápiz	**b.** escritorios	**c.** mujer	**d.** sillas	☐	☐
2. la					
a. sillas	**b.** libro	**c.** hombre	**d.** calculadora	☐	☐
3. las					
a. chicas	**b.** chicos	**c.** mochila	**d.** estudiante	☐	☐

					SÍ	NO
4. una					☐	☐
	a. mujeres	**b.** computadora	**c.** plumas	**d.** escritorio		
5. los					☐	☐
	a. hombres	**b.** mochilas	**c.** estudiante	**d.** plumas		
6. un					☐	☐
	a. lápiz	**b.** chica	**c.** mochila	**d.** estudiantes		
7. unas					☐	☐
	a. libros	**b.** silla	**c.** escritorio	**d.** plumas		
8. el					☐	☐
	a. pluma	**b.** chicos	**c.** libro	**d.** mujer		

Go to page 16 to complete **¡Acción! 4.**

PRONUNCIACIÓN: p, t, k

Paso 1 Unlike in English, the sounds represented by **p, t,** and **k** are not *aspirated* in Spanish. What does it mean to aspirate? If you hold a small strip of paper in front of your lips and say the following words in English, you will see the paper move as you produce a puff of air.

pope

toad

kite

cat

This is aspiration. Spanish does not make this puff.

Paso 2 Listen to the lack of aspiration for the **p, t,** and **k** sounds in each of the following words. Repeat each word and imitate what you hear as best as you can.

1. papá
2. para (*for*)
3. porque (*because*)
4. todavía
5. tú
6. cómo
7. cuál
8. qué

TERCERA PARTE

Vocabulario

En la sala de clase

Classroom Objects

 Actividad A Los objetos

Before beginning this activity, look at the drawing of the classroom. You will hear various classroom objects named. Listen and write the letter that corresponds to each item you hear.

1. _____   5. _____

2. _____   6. _____

3. _____   7. _____

4. _____   8. _____

Actividad B ¿Cierto o falso?

Indicate whether the following statements are true (**cierto**) or false (**falso**).

		CIERTO	FALSO
1.	La tiza es para (*is for*) la pizarra.	☐	☐
2.	La mochila es para la pantalla.	☐	☐
3.	El reloj indica la hora (*tells time*).	☐	☐
4.	La puerta es para entrar en (*entering*) la sala.	☐	☐
5.	El borrador es para la pizarra.	☐	☐
6.	Típicamente, en una pantalla hay libros.	☐	☐

Go to page 16 to complete ¡Acción! 5.

🎧 PRONUNCIACIÓN: r, rr

Paso 1 The pronunciation of the letters **r** and **rr** in Spanish is not at all like the English *r* sound. Spanish has two **r** sounds: the flap and the trill. When the single **r** appears between two vowels, the sound is a flap, similar to the double *tt* or double *dd* in the English words *latter* and *ladder*. The trill sound (a rapidly repeated flap) is used for all other occurrences of single **r** (as the first letter of a word or phrase or following other consonants) and with the double **rr**.

Paso 2 Listen to the following words. Note the difference in the pronunciation of the paired words. Don't worry about the meanings of the words; just focus on their pronunciation.

Teresa	Roberto
pero	perro
para	parra
caro	carro
coro	corro

Paso 3 Listen to and repeat the following words. Try to pronounce the **r** sounds as best as you can.

1. Ramón
2. reloj
3. borrador
4. eres
5. padre (*father*)
6. pizarra
7. Rodrigo
8. literatura
9. nombre
10. carrera

Gramática

Actividad C   ¿Dónde está?

Circle the location that corresponds to each landmark.

1. El río Amazonas...
   a. está en Australia.
   b. está en Sudamérica.
   c. está en Asia.

2. Los Pirineos...
   a. están en Europa.
   b. están en Centroamérica.
   c. están en Asia.

3. La Estatua de la Libertad...
   a. está en Egipto.
   b. está en Nueva York.
   c. está en París.

4. Las ruinas mayas...
   a. están en Europa.
   b. están en Centroamérica.
   c. están en Asia.

5. La Torre Eiffel...
   a. está en París.
   b. está en Nueva York.
   c. está en Madrid.

6. La Esfinge (*Sphinx*)...
   a. está en España.
   b. está en Francia.
   c. está en Egipto.

7. El Puente Golden Gate...
   a. está en Chicago.
   b. está en San Francisco.
   c. está en San Diego.

8. El Canal de Panamá...
   a. está en Centroamérica.
   b. está en Sudamérica.
   c. está en Norteamérica.

Actividad D ¿A quién se refiere? (*To whom does it refer?*)

Listen to each statement and write the letter of the person(s) to whom it refers. Each statement will be read twice.

1. _____
2. _____
3. _____
4. _____
5. _____
6. _____

a. yo (*the speaker*)
b. mis (*my*) compañeros y yo
c. mis amigos
d. la profesora
e. tú (*the listener*)
f. tú y tus (*your*) compañeros (*in Spain*)

Go to page 16 to complete ¡Acción! 6.

PRONUNCIACIÓN: h, j, gi/ge, gue, gui

Paso 1 In Spanish, the letter **h** is always silent and never pronounced like its English counterpart.* However, the letters **j** (and occasionally **x**), as well as the sequences **gi** and **ge**, are pronounced similar to the English *h* but a bit further back in the throat. Listen to the pronunciation of the following words. Don't worry about the meanings of the words; just focus on their pronunciation.

hora	hermano	hola	alcohol
jirafa	pasaje		
México	Oaxaca		
geología	gerente		

Paso 2 Note that when **g** is followed by **u**, it is pronounced similar to the English *g* in *get*. However, the **u** is not pronounced before **e** or **i**.

guerra	guía	águila
guardo	agua	

Paso 3 For words where the **u** is pronounced between **g** and **e** or **i**, the *umlaut* (double dots) is added above the **u**: **ü**.

bilingüe   lingüístico

Paso 4 Listen to and repeat the following words. Try to pronounce the boldfaced consonants as best as you can. Again, don't worry about the meanings of the words; just focus on their pronunciation.

1. hígado
2. honesto
3. hoja
4. gigante
5. giro
6. gente
7. guión
8. guitarra
9. guerra
10. jugar
11. gringo
12. geografía

*In Spanish, **h** does combine with **c** to make the **ch** sound, similar to the English *ch* in *church*; for example, **China** and **mochila**.

¡Acción!*

~~~~~~

¡Acción! 1 ¿Cómo se llama... ?

Complete the exchange with appropriate statements in Spanish and information that is true for you. Use complete sentences when possible.

—Hola. Soy Enrique. ¿Cómo te llamas?

1. _____

—Mucho gusto.

2. _____

—¿Cuál es tu apellido?

3. _____

—Gracias por la información.

¡Acción! 2 ¿De dónde son?

Write sentences to describe the origin of each person. You may state a city, state, or a country.

1. tú   _____

2. Arnold Schwarzenegger   _____

3. Jennifer López y Rudy Giuliani _____

¡Acción! 3 Mis (*My*) clases

Write the name of the subject you would take to study the following topics.

1. el comportamiento (*behavior*) humano: _____

2. el estudio de los organismos vivos (*living*): _____

3. la programación y lenguaje (*language*) de las computadoras: _____

4. la Revolución mexicana: _____

5. las operaciones de compañías como (*like*) Sears, Citibank o McDonald's: _____

---

*The **¡Acción!** activities are designed to be completed as you finish the corresponding sections in the lesson. There are no answers in the Answer Key for these activities. When you have completed all of the **¡Acción!** activities for this lesson, you should tear them out of the *Manual* and hand them in to your instructor.

¡Acción! 4 ¿Qué hay?

Make a list of things that there are in your study or bedroom and in your classroom. Include the definite or indefinite articles in your lists. Compare the lists and circle the items they have in common.

EN MI CUARTO (*ROOM*) HAY...   EN LA SALA DE CLASE HAY...

_____   _____

_____   _____

_____   _____

_____   _____

_____   _____

¡Acción! 5 En la universidad

List five of the buildings on your campus. In Spanish, the name given to a building follows the type of building it is. For example, Pennington Library would be **la Biblioteca Pennington.** After completing your list, check the buildings you take classes in or visit on a regular basis.

1. _____ ☐

2. _____ ☐

3. _____ ☐

4. _____ ☐

5. _____ ☐

¡Acción! 6 Lugares (*Places*) famosos

Write complete sentences to name five famous cities and the countries where they are located. Use the verb **estar.**

1. _____

2. _____

3. _____

4. _____

5. _____

LECCIÓN 1A

Sobre los horarios

OBJETIVOS

IN THIS LESSON, YOU WILL CONTINUE TO PRACTICE:

- numbers 0–30
- regular -ar verbs to talk about daily schedules
- days of the week
- expressing the need or desire to do something
- talking about time
- possessive adjectives

PRIMERA PARTE

Vocabulario

Llevo 15 créditos.   **Numbers 0–30**

 Actividad A La guía telefónica (*phone book*)

▲ You will hear a series of telephone numbers. Listen and write down what you hear. Use numerals in your responses; do not spell out the numbers. You will hear each telephone number twice.

1. _____–_____

2. _____–_____

3. _____–_____

4. _____–_____

5. _____–_____

6. _____–_____

7. _____–_____

8. _____–_____

 Actividad B ¿Cuántos son?

▲ You will hear a series of math problems. Write the problem and the correct answer. Use numerals in your responses; do not spell out the numbers. You will hear each problem twice.

VOCABULARIO ÚTIL

más	plus
menos	minus
son	equals

1. _____

2. _____

3. _____

4. _____

5. _____

6. _____

7. _____

8. _____

Actividad C ¿Cierto o falso?

Indicate whether each of the following statements is true (**cierto**) or false (**falso**).

		CIERTO	FALSO
1.	Treinta menos seis son veinticinco.	☐	☐
2.	Seis más once son diecisiete.	☐	☐
3.	Catorce menos uno son tres.	☐	☐
4.	Diez más veinte son treinta.	☐	☐
5.	Nueve más doce son once.	☐	☐
6.	Dos más trece son cinco.	☐	☐
7.	Doce menos uno son once.	☐	☐
8.	Tres más dos son quince.	☐	☐

 Go to page 29 to complete ¡Acción! 1.

Gramática

Estudio y trabajo.   **Regular -ar Verbs**

Actividad D ¿A quién se refiere? (*To whom does it refer?*)

Listen to each statement and write the letter of the person(s) to whom it refers. Pay attention to the verb endings. You will hear each statement twice.

1. _____
2. _____
3. _____
4. _____
5. _____
6. _____

   a. yo (*the speaker*)
   b. tú (*the listener*)
   c. el estudiante típico
   d. mis (*my*) compañeros y yo
   e. tú y tus (*your*) companeros (*in Spain*)
   f. los estudiantes típicos

Actividad E ¿Quién es?

Match the statements with the person(s) they describe.

1. _____ Canta en español.
2. _____ Cantan en español.
3. _____ Practican el tenis.
4. _____ Practica el tenis.
5. _____ Estudiamos español.
6. _____ Estudian español.
7. _____ Mira películas.
8. _____ Miro películas.

a. Venus y Serena Williams
b. yo
c. Marc Anthony y Enrique Iglesias
d. mis compañeros de clase
e. Roger Federer
f. Ricky Martin
g. Roger Ebert
h. mis compañeros de clase y yo

 Go to page 29 to complete ¡Acción! 2.

SEGUNDA PARTE

Vocabulario

Los días de la semana   **Days of the Week**

 Actividad A   El horario de Elena

First, take some time to study Elena's class schedule. Then listen to the statements about her schedule. Indicate whether each statement you hear is true (**cierto**) or false (**falso**). You will hear each statement twice.

	LUNES	MARTES	MIÉRCOLES	JUEVES	VIERNES	SÁBADO	DOMINGO
8:00	química	química (laboratorio)	química		química	trabajo	
9:00	biología	biología (laboratorio)	biología	economía (hasta las 10:15)	biología	trabajo	
10:00	literatura		literatura	—	literatura	trabajo	
11:00	francés	francés (laboratorio)	francés		francés	trabajo	
12:00							
1:00	trabajo	trabajo	trabajo	trabajo			
2:00	trabajo	trabajo	trabajo	trabajo			
3:00	trabajo	trabajo	trabajo	trabajo			

	CIERTO	FALSO
1.	☐	☐
2.	☐	☐
3.	☐	☐
4.	☐	☐
5.	☐	☐
6.	☐	☐
7.	☐	☐
8.	☐	☐

Actividad B ¿Qué día es hoy?

Circle the response that most logically completes the statement.

1. Si hoy es lunes, mañana (*tomorrow*) es…

   a. domingo.
   b. martes.
   c. jueves.

2. Los días del fin de semana son…

   a. sábado y domingo.
   b. martes y jueves.
   c. jueves y viernes.

3. El Día de Acción de Gracias (*Thanksgiving*) siempre (*always*) es un…

   a. jueves.
   b. domingo.
   c. miércoles.

(continued)

4. Los católicos y muchos otros (*many other*) cristianos van a la iglesia (*go to church*) el...

   a. lunes.
   b. sábado.
   c. domingo.

5. El día antes del (*before*) jueves es el...

   a. lunes.
   b. miércoles.
   c. martes.

6. El primer (*first*) día de la semana es...

   a. sábado.
   b. lunes.
   c. jueves.

Actividad C   El horario de Claudia

Listen to Claudia describe her schedule. Then indicate if the following statements are true (**cierto**) or false (**falso**), based on what you hear. Feel free to listen to the description more than once if you like.

	CIERTO	FALSO
1. Claudia tiene clases o laboratorio todos los días de la semana.	☐	☐
2. Tiene una clase de biología los jueves.	☐	☐
3. Tiene dos laboratorios los martes.	☐	☐
4. Tiene las mismas (*same*) clases los lunes y viernes.	☐	☐
5. Estudia los sábados y domingos.	☐	☐
6. No trabaja los miércoles.	☐	☐

Go to page 30 to complete ¡Acción! 3.

Gramática

Necesito estudiar.

Verb + *infinitive*

Actividad D   ¿A quién se refiere?

Listen to each statement and write the letter of the person(s) to whom it refers. Pay attention to the verb endings. You will hear each statement twice.

1. _____
2. _____
3. _____
4. _____
5. _____
6. _____

a. yo (*the speaker*)
b. los estudiantes de español
c. tú y tus amigos (*in Spain*)
d. tú (*the listener*)
e. el profesor
f. mis amigos y yo

Actividad E ¿Qué necesitan hacer?

Match each statement with the most logical situation.

1. _____ Estás muy cansado/a (*tired*).

2. _____ Hay un examen en dos días y tu amigo no está preparado.

3. _____ Tengo muchas distracciones.

4. _____ Tus amigos desean investigar un tópico.

5. _____ No dedicáis suficiente tiempo a vuestra (*your*) familia.

6. _____ No estudias lo suficiente (*enough*).

7. _____ Tu amigo desea visitar Guanajuato.

8. _____ No tengo el libro.

a. Necesitáis pasar más tiempo con ellos.
b. Necesito concentrarme (*to concentrate*).
c. Necesita estudiar.
d. Necesitas descansar.
e. Necesitan navegar la red.
f. Necesito comprar uno.
g. Necesitas memorizar el vocabulario.
h. Necesita viajar a México.

Actividad F ¿Qué necesitas?

Circle the response that most logically completes each sentence.

1. Estudiáis piano.

   Necesitáis…
   a. jugar.　　　　b. empezar.　　　　c. practicar.

2. Hay un examen mañana y no estoy preparada.

   Necesito…
   a. regresar a casa.　　　b. hablar por teléfono.　　　c. estudiar.

3. Tu amigo vive (*lives*) en un apartamento.

   Necesita…
   a. hablar con amigos.　　b. preparar la composición.　　c. pagar el alquiler.

4. Deseas información sobre Quito, Ecuador.

   Necesitas…
   a. navegar la red.　　b. practicar tenis.　　c. tomar una cerveza.

5. Los miembros de la clase estudian muchas horas.

   Necesitan…
   a. tomar café.　　b. pagar las cuentas.　　c. tocar la guitarra.

6. Deseas estudiar música.

   Necesitas…
   a. visitar a la familia.　　b. tomar una clase.　　c. charlar con el profesor.

(continued)

7. Uds. escuchan al profesor de historia mientras explica (*while he explains*) mucha información importante.

Necesitan…
a. tomar apuntes.   b. descansar en clase.   c. practicar.

8. Deseamos descansar después de (*after*) trabajar todo el día.

Necesitamos…
a. practicar un deporte.   b. regresar a casa.   c. tomar apuntes.

 Go to page 30 to complete ¡Acción! 4.

TERCERA PARTE

Vocabulario

¿A qué hora?    **Telling Time**

 Actividad A   ¿Qué hora es?

You will hear a series of time statements. Listen and match each statement to the corresponding clock. You will hear each statement twice.

1. ___   a. (12:10)

2. ___

3. ___   b. (03:15)

4. ___   c. (08:20)

5. ___

6. ___   d. (07:05)

7. ___
              e. (04:35)
8. ___

              f. (09:45)

              g. (01:25)

              h. (10:30)

Actividad B ¿A qué hora?

Circle the response that reflects the time mentioned in each statement.

1. El baile (*dance*) es a las diez.   **a.** 2:00   **b.** 10:00

2. La clase termina (*ends*) a la una menos diez.   **a.** 12:50   **b.** 1:10

3. La conferencia (*meeting*) es a las tres y cuarto.   **a.** 3:04   **b.** 3:15

4. La fiesta (*party*) es a las siete y media.   **a.** 6:30   **b.** 7:30

5. La clase es a las once menos cuarto.   **a.** 10:45   **b.** 11:15

6. El concierto es a mediodía.   **a.** 12:00 A.M.   **b.** 12:00 P.M.

7. El trabajo comienza (*begins*) a las nueve menos cuarto.   **a.** 8:45   **b.** 8:56

8. La película termina a las cinco.   **a.** 5:00   **b.** 6:00

Actividad C ¿Cuándo?

Circle the correct response to complete each of the following statements.

1. Son las siete. La fiesta es a las nueve. La fiesta es en…
   a. tres horas.   **b.** dos horas.   **c.** cuatro horas.

2. Son las diez. La clase es en cuatro horas. La clase es a las…
   a. dos.   **b.** tres.   **c.** seis.

3. El concierto es a las ocho. El concierto es en una hora. Son las…
   a. cinco.   **b.** seis.   **c.** siete.

4. Son las seis. Trabajo a las nueve. Trabajo en…
   a. dos horas.   **b.** tres horas.   **c.** cuatro horas.

5. Son las dos. El trabajo termina en cuatro horas. El trabajo termina a las…
   a. cinco.   **b.** seis.   **c.** siete.

6. La conferencia es a las tres. La conferencia es en una hora. Son las…
   a. dos.   **b.** tres.   **c.** cuatro.

 Go to page 31 to complete ¡Acción! 5.

Gramática

Es mi libro.   **Unstressed Possessive Adjectives**

Actividad D ¿Qué tienen (*do they have*)?

Circle the word that best completes each statement.

1. Los autos son de mi padre (*father*).

    _____ autos son grandes (*big*).
    a. Su
    b. Sus
    c. Tus

2. Necesitáis hacer la tarea (*to do homework*).

    _____ tarea es importante.
    a. Vuestros
    b. Vuestra
    c. Vuestras

3. Tienes muchos amigos.

    _____ mejor (*best*) amigo se llama Raúl, ¿verdad? (*right?*)
    a. Tu
    b. Su
    c. Sus

4. Soy estudiante de idiomas.

    _____ profesor de portugués es del Brasil.
    a. Su
    b. Mis
    c. Mi

5. El escritorio es de Alberto y Paco.

    _____ escritorio es viejo (*old*).
    a. Su
    b. Sus
    c. Vuestro

6. Necesitamos comprar los libros.

    _____ libro de biología es muy caro (*expensive*).
    a. Vuestro
    b. Nuestros
    c. Nuestro

Actividad E ¿De quién es?

Listen to each statement and write the letter of the person(s) to whom the possessive adjective refers. You will hear each statement twice.

1. _____

2. _____

3. _____

4. _____

5. _____

6. _____

7. _____

8. _____

a. la persona que habla (yo)
b. la persona que escucha (tú)
c. un amigo
d. nosotros
e. vosotros

Go to page 31 to complete **¡Acción! 6.**

¡A escuchar!*

IMPORTANT: If your instructor typically assigns the film at the conclusion of "A" lessons, then you may proceed with this activity. However, if you will watch the film after "B" lessons, you may wish to complete the **¡A escuchar!** sections as part of your work with "B" lessons in the *Manual.*

Antes de escuchar (*Before listening*)

Paso 1   In a moment you will listen to two people, Roberto and Marisela, talking about the first episode of *Sol y viento.* What do you think they will do? (You will verify your answer after listening.)

☐ They will summarize what happened.

☐ They will offer opinions about what happened.

☐ They will talk about whether they liked the episode or not.

Paso 2   Here are some new words and phrases you will encounter. Study them before listening.

ganarse la vida	to earn a living
quizás	perhaps

A escuchar

Now listen to the conversation.

> **Estrategia**
> You will hear several new words that are not in the prior list. They are cognates (words that look alike in two or more languages). Listen for them and try to understand them in context.

(continued)

_____
*¡A... Let's listen!

Después de escuchar (*After listening*)

Paso 1   Verify your answer to **Paso 1** of **Antes de escuchar.** Do Roberto and Marisela

☐ summarize what happened?

☐ offer opinions about what happened?

☐ talk about whether they liked the episode or not?

Paso 2   Answer the following questions based on what you heard.

1. Roberto tiene una opinión favorable de Mario.

☐ sí

☐ no

2. Marisela no está de acuerdo (*doesn't agree*) con Roberto.

☐ sí

☐ no

3. ¿Qué opina Marisela de Carlos, el personaje de *Sol y viento*?

☐ Cree que (*She thinks that*) tiene un secreto.

☐ Cree que es muy servil.

☐ Le gusta mucho.

Paso 3   Listen to the exchange between Roberto and Marisela again. Use the strategy of listening for cognates in context by listing the cognates you hear for the English words in the list.

| *expression* | *possibly* | *preoccupation* | *servile* | *sinister* |

1. _____

2. _____

3. _____

4. _____

5. _____

Paso 4   In the following space, write two to three sentences about whether you agree with Roberto or with Marisela about the character Mario.

VOCABULARIO ÚTIL

Creo que...	I think that . . .
(No) Estoy de acuerdo.	I (don't) agree.
porque	because
(No) Tiene razón.	He/She is right (wrong).

_____

_____

_____

_____

 # ¡Acción!*

¡Acción! 1   ¿Cuántos créditos?

Spell out each number correctly in Spanish.

1. 15 _____

2. 13 _____

3. 21 _____

4. 10 _____

5. 11 _____

6. 19 _____

¡Acción! 2   ¿Con qué frecuencia?

Name three things you do every day (**cada día**), two things you do every week (**cada semana**), and one thing you do every month (**cada mes**).

cada día

1. _____

2. _____

3. _____

cada semana

4. _____

5. _____

cada mes

6. _____

_____

*Remember that the **¡Acción!** activities are designed to be completed as you finish the corresponding sections in the lesson. There are no answers in the Answer Key for these activities. When you have completed all of the **¡Acción!** activities for this lesson, you should tear them out of the *Manual* and turn them in to your instructor.

¡Acción! 3 Tus clases

Write a paragraph of twenty-five to fifty words about your class schedule. Be sure to answer the following questions.

How many classes are you taking?

How many credits are you taking?

How many classes do you have on each day of the week?

_____

_____

_____

_____

_____

_____

_____

¡Acción! 4 Deseos (*Wishes*) y obligaciones

Write sentences listing three things that you want to do but can't. Then write sentences listing three things you need to do but would rather not. Use **desear** + *infinitive* in the first group of sentences and **necesitar** + *infinitive* in the second.

lo que (*what*) deseo hacer (*to do*)

1. _____

   _____

2. _____

   _____

3. _____

   _____

lo que necesito hacer

1. _____

   _____

2. _____

   _____

3. _____

   _____

Nombre _____ Fecha _____ Clase _____

¡Acción! 5 Mi horario

List all of your classes and the time of day they meet. Spell out the times in Spanish. (Don't use numerals.)

MODELO: Tengo la clase de ____ a la(s) ____ de la ____.

1. _____

2. _____

3. _____

4. _____

5. _____

6. _____

7. _____

¡Acción! 6 Algunas cosas favoritas (*Some favorite things*)

Using the correct possessive adjectives, write a sentence about each item for each person.

yo

1. clases favoritas: _____

2. la clase más difícil (*the most difficult class*): _____

mis compañeros de clase y yo

3. el libro de español: _____

un amigo (una amiga) _____ (nombre)

4. clases favoritas: _____

5. la clase más difícil: _____

Lección 1A   **31**

1B

Más sobre las actividades

OBJETIVOS

IN THIS LESSON, YOU WILL CONTINUE TO PRACTICE:

- **interrogative (question) words**

- **regular -er and -ir verbs to talk about activities**

- **talking about months, seasons, and weather**

- **expressing immediate and planned future events with ir**

- **describing people using adjectives**

- **adjective agreement**

PRIMERA PARTE

Vocabulario

¿Cuándo?   **Summary of Interrogative Words**

🎧 **Actividad A   Unas preguntas (*questions*)**

First, read the following questions. Then listen to each response and write the letter of the most logical question in the blank.

1. ____
2. ____
3. ____
4. ____
5. ____
6. ____
7. ____
8. ____

a. ¿Cuándo es tu clase de historia?
b. ¿Con quién hablas?
c. ¿Cuántas sillas hay en la clase?
d. ¿De dónde eres?
e. ¿Cuál es tu clase favorita?
f. ¿Cómo te llamas?
g. ¿Adónde viajas este fin de semana?
h. ¿Qué estudias?

Actividad B   Respuestas (*Answers*) lógicas

Indicate the most logical response to each of the following questions.

1. ¿Quiénes están en la clase?

   ☐ los escritorios

   ☐ unas chicas

2. ¿Cuál es tu clase favorita?

   ☐ la informática

   ☐ el auditorio

3. ¿Dónde estudias, por lo general?

   ☐ en la librería

   ☐ en la biblioteca

4. ¿Cuándo es la clase de química?

   ☐ los lunes y miércoles

   ☐ los sábados y domingos

5. ¿A quién llamas?

   ☐ mi mochila

   ☐ a mi amigo

6. ¿Dónde están los escritorios?

   ☐ en el gimnasio

   ☐ en la sala de clase

7. ¿Qué es *Como agua para chocolate*?

   ☐ una película mexicana

   ☐ una clase de sociología

8. ¿Por qué estás en la librería?

   ☐ Necesito comprar un libro.

   ☐ Necesito estudiar.

Actividad C Una entrevista

The question words from this interview with a famous Spanish actor are missing. Write the letter of the correct interrogative word to complete each question.

—¿_____¹ se llama?

—Me llamo Antonio.

—¿_____² es su apellido?

—Es Banderas.

—Muy bien, señor Banderas. ¿_____³ es Ud.?

—Originalmente, soy de España, pero ahora vivoᵃ en los Estados Unidos con mi familia.

—¿_____⁴ es su esposaᵇ?

—Melanie Griffith.

—¿_____⁵ hijosᶜ tienen Uds.?

—Tenemos tres hijos, en total.

—Ud. es actor en muchas películas. ¿_____⁶ va a hacerᵈ otra película?

—Muy pronto.ᵉ

a. Cómo
b. Cuál
c. Cuándo
d. Cuántos
e. De dónde
f. Quién

ᵃahora... *now I live* ᵇ*wife* ᶜ*children* ᵈva... *are you going to make* ᵉMuy... *Very soon.*

 Go to page 45 to complete ¡**Acción! 1.**

Gramática

¿Dónde vives?

 Actividad D ¿A quién se refiere?

Listen to each statement and write the letter of the person(s) to whom it refers. Pay attention to the verb endings. You will hear each statement twice.

1. _____
2. _____
3. _____
4. _____
5. _____
6. _____

a. yo (*the speaker*)
b. tú (*the listener*)
c. la profesora
d. mis compañeros y yo
e. tú y tus compañeros (*in Spain*)
f. los estudiantes

Actividad E ¿Qué hace (*does he/she do*)?

Match each verb with a sentence fragment to form logical statements about your instructor. Next time you are in class, ask your instructor how often he or she does each activity.

1. _____ Bebe…
2. _____ Abre…
3. _____ Asiste…
4. _____ Escribe…
5. _____ Corre…
6. _____ Recibe…
7. _____ Come…
8. _____ Aprende…

a. una carta (*letter*) a un amigo.
b. en un restaurante.
c. cerveza.
d. algo nuevo.
e. el libro de texto.
f. a un concierto de música clásica.
g. a clase para no llegar tarde.
h. correo electrónico de los estudiantes.

 Go to page 45 to complete ¡Acción! 2.

SEGUNDA PARTE

Vocabulario

¡Hace calor en junio!   **Months, Weather, and Seasons**

Actividad A   ¿Qué haces (*do you do*)?

Listen to each weather statement and circle the letter of the most logical activity. You will hear each statement twice.

1. **a.** comer en casa
    b. comer en el patio

2. **a.** tomar café
    b. beber una cerveza fría

3. **a.** cerrar (*to close*) las ventanas
    b. abrir las ventanas

4. **a.** tomar el sol
    b. leer una novela

5. **a.** hacer (*to have*) un pícnic
    b. ver un vídeo

6. **a.** viajar en auto
    b. descansar en casa

7. **a.** navegar en barco de vela (*to sail*)
    b. navegar en la red

8. **a.** correr en el parque
    b. tomar el sol

Actividad B   Los meses

Listen to the name of each month. Circle the letter of the number that corresponds to that month.
Note: 01 = January, 12 = December.

1. **a.** 02   **b.** 03   **c.** 04
2. **a.** 10   **b.** 11   **c.** 12
3. **a.** 06   **b.** 04   **c.** 01
4. **a.** 09   **b.** 04   **c.** 07

5. **a.** 05   **b.** 08   **c.** 11
6. **a.** 02   **b.** 05   **c.** 09
7. **a.** 10   **b.** 11   **c.** 12
8. **a.** 06   **b.** 07   **c.** 08

Actividad C Las estaciones

Paso 1 Read each statement and indicate whether it describes weather in the Northern (N) or Southern (S) Hemisphere.

		N	S			N	S
1.	Hace frío en julio.	☐	☐	5.	Hace calor en agosto.	☐	☐
2.	Nieva en diciembre.	☐	☐	6.	Nieva en junio.	☐	☐
3.	Hace frío en enero.	☐	☐	7.	Hace frío en febrero.	☐	☐
4.	Hace calor en diciembre.	☐	☐	8.	Hace calor en enero.	☐	☐

Paso 2 Now indicate the season being described.

		VERANO	INVIERNO
1.	Hace frío en julio.	☐	☐
2.	Nieva en diciembre.	☐	☐
3.	Hace frío en enero.	☐	☐
4.	Hace calor en diciembre.	☐	☐
5.	Hace calor en agosto.	☐	☐
6.	Nieva en junio.	☐	☐
7.	Hace frío en febrero.	☐	☐
8.	Hace calor en enero.	☐	☐

 Go to page 45 to complete ¡Acción! 3.

Gramática

¿Vas a estudiar esta noche?

Ir + a + *infinitive*

Actividad D ¿Qué van a hacer (*to do*)?

Listen to each question and write the letter of the most logical response.

1. _____
2. _____
3. _____
4. _____
5. _____
6. _____

   a. Sí, tengo un examen mañana.
   b. Sí, voy a ver París y Nice.
   c. No, va a viajar todo el verano.
   d. Sí, vamos al cine (*movies*) a las tres.
   e. No, vamos a visitar Italia.
   f. Sí, tenemos un examen mañana.

Actividad E ¿Qué vas a hacer?

Match each situation with the most logical response. When you finish, mark when you will most likely do the activity.

1. _____ Tú y tu amigo tienen un examen mañana.

   ☐ dentro de poco   ☐ la semana entrante

   ☐ mañana   ☐ el próximo verano

   ☐ pasado mañana   ☐ en un año

   ☐ en unos cuantos días

2. _____ Necesitas el libro de texto para la clase de química.

   ☐ dentro de poco   ☐ la semana entrante

   ☐ mañana   ☐ el próximo verano

   ☐ pasado mañana   ☐ en un año

   ☐ en unos cuantos días

3. _____ Deseas visitar el Perú, Chile y el Ecuador.

   ☐ dentro de poco   ☐ la semana entrante

   ☐ mañana   ☐ el próximo verano

   ☐ pasado mañana   ☐ en un año

   ☐ en unos cuantos días

4. _____ Hay un programa muy interesante en el canal 16.

   ☐ dentro de poco   ☐ la semana entrante

   ☐ mañana   ☐ el próximo verano

   ☐ pasado mañana   ☐ en un año

   ☐ en unos cuantos días

5. _____ Necesitas información sobre los animales de Costa Rica.

   ☐ dentro de poco   ☐ la semana entrante

   ☐ mañana   ☐ el próximo verano

   ☐ pasado mañana   ☐ en un año

   ☐ en unos cuantos días

6. _____ Hace muy buen tiempo y deseas tomar el sol.

   ☐ dentro de poco   ☐ la semana entrante

   ☐ mañana   ☐ el próximo verano

   ☐ pasado mañana   ☐ en un año

   ☐ en unos cuantos días

¿QUÉ VAS A HACER?

a. Voy a navegar la red.
b. Voy a ir a la librería.
c. Voy a ver la televisión.
d. Voy a estudiar con mi amigo.
e. Voy a invitar a mis amigos a la playa (*beach*).
f. Voy a viajar a Sudamérica.

 Go to page 46 to complete ¡**Acción! 4.**

Vocabulario

Es un hombre serio.

Adjectives

 Actividad A ¿A quién se refiere?

First, read the following sentences. Then listen to each description and write the letter of the sentence that best corresponds with it. You will hear each description twice.

1. _____
2. _____
3. _____
4. _____
5. _____
6. _____
7. _____
8. _____

a. Prefiere (*He prefers*) el partido (*party*) republicano.
b. Tiene una idea exagerada de su propia (*own*) importancia.
c. Habla mucho.
d. No guarda (*keep*) secretos.
e. Pierde (*He loses*) la paciencia fácilmente (*easily*).
f. Es fascinante.
g. Piensa mucho en (*He thinks a lot about*) la filosofía y las teorías.
h. Cree que todo va mal.

Actividad B   Sinónimos

Match each adjective in column A with its synonym or related word in column B.

A	B
1. _____ agradable	a. estimulante
2. _____ indiscreto	b. organizado
3. _____ sospechoso	c. chismoso
4. _____ interesante	d. reservado
5. _____ metódico	e. simpático
6. _____ introvertido	f. desconfiado

Actividad C Antónimos

Match the adjective in column A to its opposite in column B.

		A		B
1.	_____	malicioso	**a.**	apasionado
2.	_____	indiferente	**b.**	optimista
			c.	simpático
3.	_____	aburrido	**d.**	caótico
			e.	humilde
4.	_____	pesimista	**f.**	ingenuo
			g.	interesante
5.	_____	sabio	**h.**	tonto
6.	_____	listo		
7.	_____	arrogante		
8.	_____	metódico		

Go to page 46 to complete ¡Acción! 5.

Gramática

Es una mujer seria.   **Adjective Placement and Agreement**

Actividad D ¿A quién se refiere?

Listen to each adjective and circle the person(s) to whom it refers. Pay attention to adjective endings. If the adjective refers to both people, circle **los dos**.

1.	_____	**a.** David Letterman	**b.** Ellen DeGeneres	**c.** los dos
2.	_____	**a.** Nancy Reagan	**b.** Rush Limbaugh	**c.** los dos
3.	_____	**a.** Madame Curie	**b.** Albert Einstein	**c.** los dos
4.	_____	**a.** Serena Williams	**b.** Andre Agassi	**c.** los dos
5.	_____	**a.** Angelina Jolie	**b.** Brad Pitt	**c.** los dos
6.	_____	**a.** Madonna	**b.** Richard Simmons	**c.** los dos
7.	_____	**a.** J.K. Rowling	**b.** Will Ferrell	**c.** los dos
8.	_____	**a.** Dan Rather	**b.** Barbara Walters	**c.** los dos

Actividad E Personas famosas

Circle the correct form of the adjective to complete each sentence. Then indicate whether or not you agree with the statement.

			sí	NO
1.	Bill Clinton es...			
	a. sabio.	**b.** sabia.	☐	☐
2.	Las hermanas Williams son...			
	a. ambiciosos.	**b.** ambiciosas.	☐	☐
3.	Rosie O'Donnell es...			
	a. humilde.	**b.** humildes.	☐	☐
4.	Arnold Schwarzenegger es...			
	a. conservador.	**b.** conservadora.	☐	☐
5.	Joan Rivers es...			
	a. chismoso.	**b.** chismosa.	☐	☐
6.	Oprah Winfrey es...			
	a. trabajador.	**b.** trabajadora.	☐	☐
7.	George W. Bush es...			
	a. cerebral.	**b.** cerebrales.	☐	☐
8.	Steven Spielberg es...			
	a. imaginativo.	**b.** imaginativa.	☐	☐

Go to page 46 to complete ¡Acción! 6.

 # Para escribir

Antes de escribir

For this activity, you will write descriptions of Jaime and Mario, comparing and contrasting them. From the list of adjectives below, indicate which ones best describe either character (or both). Share your ideas with someone else.

	ADJETIVOS	JAIME	MARIO
1.	guapo (*handsome*)	☐	☐
2.	ambicioso	☐	☐
3.	simpático	☐	☐
4.	joven (*young*)	☐	☐
5.	inteligente	☐	☐
6.	trabajador	☐	☐

	ADJETIVOS	JAIME	MARIO
7.	bilingüe	☐	☐
8.	serio	☐	☐
9.	gregario	☐	☐
10.	reservado	☐	☐

A escribir

Paso 1 Now that you have made some preliminary decisions about the personalities of these two characters, you must decide how you will organize your thoughts. Select one of the possibilities below.

☐ write about Jaime first, then Mario

☐ write about Mario first, then Jaime

☐ use the personality traits to compare and contrast each person as you go

Paso 2 Now draft your description on a separate sheet of paper. The following phrases may be helpful in writing your descriptions.

al contrario	on the other hand
en cambio	on the other hand
igualmente	equally
no tanto	not as much
pero	but
sin embargo	however
también	also
y	and

Paso 3 Exchange compositions with a classmate so that you can provide initial feedback for each other. As you read each other's composition, check for the following things.

☐ overall sense, meaning

☐ adjective/noun agreement

☐ subject/verb agreement

☐ spelling

Al ontregar la composicion

Paso 1 Review the feedback you received from your classmate. As you go through your composition, remember to check for the following:

☐ adjective/noun agreement

☐ subject/verb agreement

Paso 2 Now finalize your composition and turn it in to your instructor.

¡Acción!

¡Acción! 1 ¿Y tú?

Answer each of the following questions in Spanish using complete sentences.

1. ¿Cómo te llamas?

   _____

2. ¿Cuál es tu clase favorita?

   _____

3. ¿De dónde eres?

   _____

4. ¿Dónde vives?

   _____

5. ¿Cuántas personas hay en tu clase de español?

   _____

¡Acción! 2 Preguntas para un compañero (una compañera) de clase

Write five questions for a classmate using any of the following verbs.

abrir	beber	correr	recibir
aprender	comer	escribir	ver
asistir	comprender	leer	vivir

1. _____
2. _____
3. _____
4. _____
5. _____

¡Acción! 3 Los meses y el tiempo

For each month listed, write in which season it occurs and what the weather is normally like at your university.

MODELO: septiembre: → otoño. No hace mucho calor y no hace frío.

1. marzo: _____

2. julio: _____

3. octubre: _____

4. diciembre: _____

¡Acción! 4 ¿Qué vamos a hacer?

Write five sentences about what you and your friends or family are going to do this weekend using the **nosotros** form of **ir + a.**

1. _____

2. _____

3. _____

4. _____

5. _____

¡Acción! 5 Un amigo mío (*of mine*)

Write three or four sentences describing a male friend. Use the adjectives you have learned in this section and look up others in the dictionary, if necessary.

_____

_____

_____

_____

¡Acción! 6 Cómo son?

Choose one male and one female celebrity or politician. Write a twenty-five to fifty word paragraph, comparing and contrasting them. Use as many adjectives as you can.

_____

_____

_____

_____

_____

_____

LECCIÓN **2A**

En la universidad y la ciudad

OBJETIVOS

IN THIS LESSON, YOU WILL CONTINUE TO PRACTICE:

- **numbers 31–100 and expressing age**
- **talking about activities using verbs that end in -go**
- **prepositions of location to express where things and places are**
- **expressing where places are using the verbs estar and quedar**
- **names of places in the city**
- **talking about activities using stem-changing verbs**

Vocabulario

~~~~~~

¿Cuántos años tiene?   ✱ **Numbers 31–100**

Actividad A   ¿Qué número es?

▲ You will hear a series of numbers in Spanish. Write down the numerals that you hear.

> MODELO: (*you hear*)   treinta y dos
> (*you write*)   32

1. _____   5. _____

2. _____   6. _____

3. _____   7. _____

4. _____   8. _____

▲ Actividad B   ¿Quién es mayor (*older*)?

Paso 1   Listen and write the ages of the following pairs of people. Then write the name of the older person of each pair. You will hear each statement twice.

NOMBRE	EDAD	NOMBRE	EDAD	¿QUIÉN ES MAYOR?
1. Leticia	____	Nancy	____	_____
2. Sergio	____	Marcela	____	_____
3. Rosa María	____	Marcos	____	_____
4. Rodrigo	____	Leonora	____	_____
5. Alba	____	Gabriela	____	_____
6. Pablo	____	Andrés	____	_____

Paso 2   Of all the people listed in **Paso 1**, who is the oldest?

_____ es el/la mayor de todos (*the oldest of all*).

Actividad C   Las tres edades (*ages*)

Indicate the age group into which the ages fall.

	ADOLESCENTE	ADULTO	ANCIANO (*ELDERLY*)
1. Tiene treinta años.	☐	☐	☐
2. Tiene dieciséis años.	☐	☐	☐
3. Tiene cuarenta y un años.	☐	☐	☐

	ADOLESCENTE	ADULTO	ANCIANO
4. Tiene noventa y tres años.	☐	☐	☐
5. Tiene trece años.	☐	☐	☐
6. Tiene setenta y ocho años.	☐	☐	☐
7. Tiene veintisiete años.	☐	☐	☐
8. Tiene ochenta y dos años.	☐	☐	☐

Go to page 59 to complete ¡Acción! 1.

Gramática

Vengo de los Estados Unidos.　　　　**Verbs that End in -go**

Actividad D ¿De dónde vengo?

Listen to each statement about what the speaker has, then write the letter of the place from where he or she is coming. You will hear each statement twice.

1. _____
2. _____
3. _____
4. _____
5. _____
6. _____

a. Vengo de la Facultad de Idiomas.
b. Vengo del edificio de matemáticas.
c. Vengo de clase.
d. Vengo de la cafetería.
e. Vengo del auditorio.
f. Vengo de la biblioteca.

Actividad E ¿Estudiante modelo?

Paso 1 Imagine that a student says the following things. Determine whether each statement describes him as a model student.

	SÍ	NO
1. Salgo de la clase antes de que suene la campana (*before the bell rings*).	☐	☐
2. Traigo todos los libros necesarios a clase.	☐	☐
3. Vengo a clase diez minutos tarde todos los días.	☐	☐
4. Hago la tarea de otras clases mientras habla el profesor (la profesora).	☐	☐
5. Tengo hecha (*ready*) la tarea.	☐	☐
6. Pongo la tarea en la mesa del profesor (de la profesora).	☐	☐

(*continued*)

Paso 2 Now indicate which behaviors from **Paso 1** describe you (**Lo hago yo**) or not (**No lo hago yo**), then check the sentence that best applies to your classroom behavior.

	LO HAGO YO.	NO LO HAGO YO.
1.	☐	☐
2.	☐	☐
3.	☐	☐
4.	☐	☐
5.	☐	☐
6.	☐	☐

☐ Tengo que cambiar (*change*), porque no soy estudiante modelo.

☐ No tengo que cambiar, porque soy estudiante modelo.

Actividad F ¿Durante (*During*) la clase o fuera (*outside*) de clase?

Listen to the following statements that a student makes about her and her friends' activities. Indicate if the activities typically take place during class (**durante la clase**) or outside of class (**fuera de clase**).

	DURANTE LA CLASE	FUERA DE CLASE
1.	☐	☐
2.	☐	☐
3.	☐	☐
4.	☐	☐
5.	☐	☐
6.	☐	☐

 Go to page 59 to complete ¡Acción! 2.

SEGUNDA PARTE

Vocabulario

¿Está lejos o cerca?

Prepositions of Location

Actividad A ¿Cierto o falso?

Look at the drawing and listen to the statements. Indicate whether each statement is true (**cierto**) or false (**falso**). You will hear each statement twice.

	CIERTO	FALSO
1.	☐	☐
2.	☐	☐
3.	☐	☐
4.	☐	☐
5.	☐	☐
6.	☐	☐
7.	☐	☐
8.	☐	☐

Actividad B ¿Una universidad norteamericana o hispana?

Based on the cultural information you learned in the textbook, indicate whether the following descriptions best describe a typical university campus in this country or a university campus in a Spanish speaking country.

1. Los estudiantes toman todas sus clases en la misma facultad.

   ☐ una universidad norteamericana

   ☐ una universidad hispana

(continued)

2. Los estudiantes viven muy cerca de la universidad y caminan a sus clases.

☐ una universidad norteamericana

☐ una universidad hispana

3. Los estudiantes viven bastante lejos de la universidad y llegan en tren o autobús.

☐ una universidad norteamericana

☐ una universidad hispana

4. Alrededor de la universidad hay residencias estudiantiles.

☐ una universidad norteamericana

☐ una universidad hispana

5. Los estudiantes comen en una cafetería cerca de la residencia estudiantil.

☐ una universidad norteamericana

☐ una universidad hispana

6. Los estudiantes hacen cola (*stand in line*) delante del gimnasio para ver el partido (*game*) de basquetbol de la universidad.

☐ una universidad norteamericana

☐ una universidad hispana

Actividad C En la sala de clase

Indicate if these sentences describe a typical classroom or not.

	SÍ	NO
1. La profesora está detrás de los estudiantes.	☐	☐
2. Los estudiantes se sientan (*sit*) debajo de los escritorios.	☐	☐
3. La profesora escribe en la pizarra.	☐	☐
4. Los estudiantes ponen las mochilas al lado de los escritorios.	☐	☐
5. La pizarra está detrás de la pared.	☐	☐
6. Los estudiantes escriben en el cuaderno (*notebook*) delante de ellos.	☐	☐
7. Los libros están en la pared.	☐	☐
8. Las ventanas están entre los estudiantes y el profesor.	☐	☐

Go to page 60 to complete ¡Acción! 3.

Gramática

Mi trabajo está cerca.　More on **estar** + *location*; **quedar** + *location*

Actividad D　Las ciudades de España

Listen to the geographic descriptions of some cities in Spain and indicate if each statement is true (**cierto**) or false (**falso**), based on the map. You will hear each statement twice.

	CIERTO	FALSO
1.	☐	☐
2.	☐	☐
3.	☐	☐
4.	☐	☐
5.	☐	☐
6.	☐	☐
7.	☐	☐
8.	☐	☐

Actividad E   ¿En qué edificio?

Match the following items with the building in which they are located.

1. _____ Las habitaciones de los estudiantes están en...

2. _____ Los laboratorios quedan en...

3. _____ Los libros de texto que venden (*that they sell*) están en...

4. _____ Los libros, enciclopedias y diccionarios para todos los estudiantes de la universidad quedan en...

5. _____ Los sándwiches y la fruta están en...

6. _____ El campo de fútbol (*soccer field*) está en...

a. la biblioteca.
b. el estadio.
c. la librería.
d. la cafetería.
e. la residencia estudiantil.
f. el edificio de ciencias.

 Go to page 60 to complete **¡Acción! 4.**

TERCERA PARTE

Vocabulario

Tengo que ir al banco.

✱ **Places in the City**

Actividad A   ¿Adónde vas para... ?

Circle where you go to do each activity.

1. Para (*In order to*) ir de compras voy...

   a. a un hotel.   b. a un restaurante.   c. al centro comercial.

2. Para pasear voy...

   a. al parque.   b. al cine.   c. a una tienda.

3. Para mandar una carta (*send a letter*) voy...

   a. a la escuela.   b. a la iglesia.   c. al correo.

4. Para viajar voy...

   a. al mercado.   b. a la estación del tren.   c. a una farmacia.

5. Para bailar voy...

   a. a una discoteca.   b. a un estanco.   c. a una farmacia.

6. Para comer voy...

    a. a la catedral.   **b.** al restaurante.   **c.** al almacén.

7. Para dormir (*sleep*) voy...

    a. al cajero automático.   **b.** a la tienda.   **c.** al hotel.

 ## Actividad B Después de clase

Listen as Teresa describes what she has to do after class today. Then match each activity with the corresponding place, based on what you hear. Don't worry if you don't understand every word. Use the information you do understand to make the matches. Pause the audio to match the activities and places. You can listen to the narration as many times as you like. **¡OJO!** Not all of the places listed will be used.

1. _____ caminar con Lidia

2. _____ charlar con Raúl

3. _____ visitar a Juana

4. _____ ir al trabajo

5. _____ trabajar

6. _____ comer con Enrique

7. _____ salir con amigas

8. _____ tomar café con Sara

a. el restaurante
b. la catedral
c. el centro comercial
d. el hospital
e. la plaza
f. el cine
g. la farmacia
h. el supermercado
i. el banco
j. la parada de autobuses

Actividad C Recomendaciones

Match each statement with the most logical recommendation.

1. _____ Busco la casa de los padres de Catalina.

2. _____ Voy a Monterrey, una ciudad que queda muy lejos.

3. _____ Tengo que comprar medicina para Federico.

4. _____ Deseo hablar con los administradores de la ciudad.

5. _____ Voy a enseñar una clase de niños.

6. _____ Deseo confesarme con (*to confess to*) el cura (*priest*).

7. _____ Deseo ver una película.

8. _____ Tengo que comprar estampillas (*stamps*).

a. Debes ir a la catedral San José.
b. Necesitas ir al cine Estrellísimo.
c. Debes ir al correo central.
d. Debes ir a la farmacia Gutiérrez.
e. Necesitas ir al barrio Jardines.
f. Necesitas ir a la escuela Palomas.
g Debes ir a la estación Mercedes.
h. Tienes que ir al ayuntamiento del centro.

 Go to page 61 to complete ¡Acción! 5.

Gramática

Puedo caminar.   **e → ie, o → ue Stem-Changing Verbs**

Actividad D   La rutina de José

José works in a downtown office as a business manager. Indicate if he typically does the following activities in the morning (**por la mañana**), in the afternoon (**por la tarde**), or at night (**por la noche**).

	POR LA MAÑANA	POR LA TARDE	POR LA NOCHE
1. Almuerza.	☐	☐	☐
2. Duerme.	☐	☐	☐
3. Se acuesta.	☐	☐	☐
4. Empieza el trabajo.	☐	☐	☐
5. Juega al tenis.	☐	☐	☐
6. Se despierta.	☐	☐	☐
7. Vuelve del trabajo.	☐	☐	☐

Actividad E   ¿Bien preparados?

Paso 1 You will hear two students describe their study habits. After hearing what each one says, indicate if he will be well prepared for the exam.

	BIEN PREPARADO	NO MUY BIEN PREPARADO		BIEN PREPARADO	NO MUY BIEN PREPARADO
1.	☐	☐	4.	☐	☐
2.	☐	☐	5.	☐	☐
3.	☐	☐	6.	☐	☐

Paso 2 How well do you prepare for your exams? Check the sentence that best applies to you.

☐ Suelo prepararme muy bien para los exámenes.

☐ Suelo prepararme bastante bien para los exámenes.

☐ No suelo prepararme bien para los exámenes.

Actividad F   ¿Pueden hacerlo (*do it*)?

Read the following statements that two friends make and decide if they can or cannot do what they want to do.

		SÍ	NO
1.	Queremos comprar un libro. Cuesta quince dólares y tenemos cincuenta.	☐	☐
2.	Queremos visitar un almacén. Cierran a las seis y ahora (*now*) son las cinco.	☐	☐
3.	Queremos ver una película en el cine. Empieza a las ocho y ahora son las diez.	☐	☐

	SÍ	NO

4. Queremos hablar con el profesor ahora mismo (*right now*). El profesor vuelve a su oficina a las tres y ahora son las dos. ☐ ☐

5. Queremos hablar con un amigo en la cafetería. Suele almorzar a la una y ahora son las once. ☐ ☐

6. Queremos llamar a una amiga. Ella se acuesta a las once y ahora son las nueve. ☐ ☐

Go to page 61 to complete **¡Acción! 6.**

¡A escuchar!

Antes de escuchar

Paso 1 In a moment you will listen to Roberto and Marisela talking about **Episodio 2** of *Sol y viento*. On which aspect of this episode do you think they will concentrate? You will verify your answer after listening.

☐ Jaime's fortune: "Love is a whirlwind."

☐ Jaime's morning routine

☐ Jaime and María

Paso 2 Here are some new words and phrases you will encounter. Study them before listening.

pues	well, so
hacer buena pareja	to make a good match
tener cuidado	to be careful
mentir (ie)	to lie
demasiado	too much

A escuchar

Now listen to the conversation.

Después de escuchar

Paso 1 Verify your answer to **Paso 1** of **Antes de escuchar.**

Paso 2 Answer the following questions based on what you heard.

1. Roberto y Marisela piensan que hay química entre Jaime y María.

☐ sí

☐ no

2. Marisela tiene una opinión favorable de Jaime.

☐ sí

☐ no

(continued)

3. ¿Cuántos años piensa Roberto que tienen Jaime y María? _____

4. ¿Cómo explica Roberto la «mentira» (*lie*) de Jaime?

☐ Cree que Jaime es una persona confiada.

☐ Piensa que Jaime es una persona privada.

☐ Cree que Jaime tiene prisa.

Estrategia

As you have learned in this lesson, some Spanish verbs have stem vowel changes (e.g., **o → ue,** **e → ie, e → i,** and so forth). You can increase your chances of learning these verb forms by focusing your attention on them when you hear them used in the context of a conversation.

Paso 3 Listen to the exchange between Roberto and Marisela again. Use the strategy of listening for stem-changing verbs. First, write the stem-changing verb you hear. Then, write the infinitive form of the verb. Finally, specify the stem change that the verb underwent. The first one has been done for you.

1. quieres   querer   e → ie

2. _____ _____ _____

3. _____ _____ _____

4. _____ _____ _____

5. _____ _____ _____

6. _____ _____ _____

7. _____ _____ _____

Paso 4 Now write two or three sentences about whether you agree with Roberto or with Marisela about the character Jaime.

VOCABULARIO ÚTIL

Creo que...	I think that...
(No) Estoy de acuerdo.	I (don't) agree.
porque	because
(No) Tiene razón.	He/She is right (wrong).

_____

_____

_____

_____

_____

 # ¡Acción!

¡Acción! 1 ¿Cuántos años tienen?

Write the names of five friends and/or family members and how old each person is. Then write a sentence that describes who is the oldest (_____ **es el/la mayor de todos**) and who is the youngest (_____ **es el/la menor de todos**).

MODELO: Steve tiene treinta y seis años.

1. _____
2. _____
3. _____
4. _____
5. _____

_____

_____

¡Acción! 2 ¿Qué traes?

Write sentences telling what you bring with you when you go to the following places on or near campus. Use a dictionary to find words you don't know.

MODELO: la cafetería → Traigo el carnet de estudiante (*student I.D.*).

1. la clase de español

_____

2. la biblioteca

_____

3. la clase de matemáticas

_____

4. el cine

_____

5. un concierto

_____

6. una fiesta

_____

¡Acción! 3 La brújula (*compass*)

Use the expressions **al norte de, al sur de, al este de,** and **al oeste de** to describe the position of the first continent in relation to the second. You can consult a map if you like.

    MODELO: Europa, Asia → Europa está al oeste de Asia.

1. África, Europa

    _____

2. África, Sudamérica

    _____

3. Norteamérica, Europa

    _____

4. Asia, Europa

    _____

5. Sudamérica, Norteamérica

    _____

6. Australia, África

    _____

¡Acción! 4 ¿Dónde está?

Answer the following questions with a complete sentence.

    MODELO: ¿Dónde está tu libro de español. → Está en el escritorio.

1. ¿Dónde está tu mochila?

    _____

2. ¿Dónde están tus libros para las clases?

    _____

3. ¿Dónde queda la biblioteca de la universidad?

    _____

4. ¿Dónde queda tu tienda favorita?

    _____

5. ¿Dónde queda el correo de la universidad?

    _____

¡Acción! 5   ¿Adónde puede ir?

Write complete sentences to tell where tourists can go to do the following things.

MODELO: comprar tabaco → El turista puede ir al estanco para (*in order to*) comprar tabaco.

1. correr o pasear con amigos

   _____

2. comprar recuerdos (*souvenirs*)

   _____

3. ver una película

   _____

4. dormir y descansar

   _____

5. cambiar (*to cash*) un cheque

   _____

6. tomar un autobús

   _____

¡Acción! 6   Tus metas (*goals*)

Paso 1   What are your goals? Write complete sentences to tell at least three things you want to achieve.

MODELO: Quiero graduarme (*to graduate*) de la universidad.

1. _____

2. _____

3. _____

Paso 2   Choose one of your goals and describe in twenty-five to fifty words what you are in the habit of doing in order to work toward that goal.

MODELO: Quiero graduarme de la universidad. Por eso (*Therefore*), suelo estudiar todos los
días. También suelo...

_____

_____

_____

_____

_____

_____

_____

_____

LECCIÓN 2B

¡Vamos de compras!

OBJETIVOS

IN THIS LESSON, YOU WILL CONTINUE TO PRACTICE:

- talking about what people are wearing

- stem-changing verbs in the present tense to talk about what people do

- numbers 100–1,000

- using colors to describe clothing

- demonstrative adjectives and pronouns

- talking about shopping and making purchases

- **ser** and **estar** to talk about conditions and traits

Vocabulario

La ropa

Actividad A **¿Cómo se lava o limpia?** (*How do you wash or clean it?*)

Listen to the list of clothing and circle the category to which each item belongs. Then indicate how you clean each item. You may check more than one method.

	EN LA LAVADORA (*WASHER*)	A MANO (*BY HAND*)	EN LA TINTORERÍA (*DRY CLEANER*)
1. a. pantalones b. zapatos c. complementos (*accessories*)	☐	☐	☐
2. a. pantalones b. zapatos c. complementos	☐	☐	☐
3. a. pantalones b. zapatos c. complementos	☐	☐	☐
4. a. pantalones b. zapatos c. complementos	☐	☐	☐
5. a. en el gimnasio b. en la cama (*bed*) c. en la oficina	☐	☐	☐
6. a. en el gimnasio b. en la cama c. en la oficina	☐	☐	☐
7. a. en el gimnasio b. en la cama c. en la oficina	☐	☐	☐
8. a. en el gimnasio b. en la cama c. en la oficina	☐	☐	☐

Actividad B ¡Busca al intruso!

Circle the item that does not belong.

1. **a.** el abrigo   **b.** la chaqueta   **c.** la gorra   **d.** el impermeable

2. **a.** las zapatillas   **b.** la falda   **c.** el pijama   **d.** la bata

3. **a.** los pantalones   **b.** los vaqueros   **c.** los pantalones cortos **d.** las botas

4. **a.** el vestido   **b.** el cinturón   **c.** la corbata   **d.** la bufanda

5. **a.** las medias   **b.** la blusa   **c.** el vestido   **d.** la corbata

6. **a.** la lana   **b.** el cuero   **c.** la bolsa   **d.** la seda

7. **a.** los pantalones cortos **b.** el abrigo   **c.** el traje de baño   **d.** las sandalias

8. **a.** la sudadera   **b.** el traje de baño **c.** los zapatos de tenis **d.** el vestido

Actividad C ¿Qué se pone primero?

Indicate the item of clothing that you typically put on first.

1. ☐ los zapatos   ☐ los calcetines

2. ☐ el pijama   ☐ la bata

3. ☐ el suéter   ☐ el abrigo

4. ☐ el cinturón   ☐ los pantalones

5. ☐ la camisa   ☐ la corbata

6. ☐ la sudadera   ☐ la camiseta

Go to page 73 to complete ¡Acción! 1.

Gramática

Debo seguir.   **e → i Stem-Changing Verbs**

  ## Actividad D ¿A quién se refiere?

Listen to each statement and write the letter of the person(s) to whom it refers. Pay attention to the verb endings. You will hear each statement twice.

1. _____   **a.** yo (*the speaker*)
                    b. tú (*the listener*)
2. _____   **c.** una estudiante
                    d. nosotros
3. _____   **e.** tú y tus amigos (*in Spain*)
                    f. los dependientes (*store clerks*)
4. _____

5. _____

6. _____

Actividad E La ropa y las actividades

Match the activity or purpose with the most appropriate piece of clothing or type of material.

1. _____ Me visto con esto (*this*) cuando llueve.

2. _____ Me visto con esto para nadar (*swim*).

3. _____ Me visto con esto para dormir.

4. _____ Me visto con esto cuando hace frío.

5. _____ Me visto con esto para correr.

6. _____ Me visto con esto para protegerme (*protect myself*) del sol.

7. _____ Sirve para ropa de verano.

8. _____ Sirve para ropa elegante y formal.

9. _____ Sirve para ropa de invierno.

a. el pijama
b. el abrigo
c. la gorra
d. el impermeable
e. la lana
f. los zapatos de tenis
g. el traje de baño
h. la seda
i. el algodón

 Go to page 73 to complete **¡Acción! 2.**

SEGUNDA PARTE

Vocabulario

Hay doscientas blusas rojas.   **Colors; Numbers 100–1,000**

 ### Actividad A En la tienda

Listen to each statement about the prices of items in a store and write the letter of the corresponding number from the list in the blank. You will hear each statement twice.

1. _____
2. _____
3. _____
4. _____
5. _____
6. _____
7. _____
8. _____

a. 340
b. 315
c. 198
d. 210
e. 585
f. 125
g. 630
h. 120

Actividad B   La ropa

Listen to each description and indicate the season, person, or occasion with which it corresponds. You will hear each description twice.

1. **a.** el invierno   **b.** el verano   **c.** el otoño

2. **a.** una fiesta (*party*)   **b.** la clase de inglés   **c.** la oficina

3. **a.** el gimnasio   **b.** la oficina   **c.** un concierto de rock

4. **a.** el profesor de química   **b.** una chica de cinco años   **c.** un estudiante

5. **a.** el otoño   **b.** el invierno   **c.** la primavera

6. **a.** el verano   **b.** la primavera   **c.** el otoño

Actividad C   ¿Qué color es?

Match each description with the corresponding color.

1. _____ la combinación de blanco y negro
2. _____ la combinación de rojo y amarillo
3. _____ la combinación de amarillo y azul
4. _____ la combinación de azul y rojo
5. _____ la combinación de blanco y rojo
6. _____ el cielo (*sky*) de día, el mar (*sea*)
7. _____ el cielo de noche, el funeral
8. _____ el algodón, la nieve (*snow*)

     a. negro
     b. verde
     c. blanco
     d. gris
     e. azul
     f. morado
     g. anaranjado
     h. rosado

 Go to page 74 to complete ¡Acción! 3.

Gramática

¿Qué es esto?   **Demonstrative Adjectives and Pronouns**

Actividad D   En la tienda

Listen to each sentence and determine which of the following sentences best describes what you hear.

1. **a.** La persona tiene los pantalones en la mano (*in hand*).   **b.** Otra persona tiene los pantalones.
2. **a.** La bolsa está enfrente de la persona.   **b.** La bolsa está lejos de la persona.
3. **a.** La persona se prueba unos zapatos.   **b.** Otra persona se prueba unos zapatos.
4. **a.** Las botas están en la tienda y la persona no.   **b.** La persona tiene las botas en la mano.
5. **a.** La persona tiene la blusa en la mano.   **b.** Otra persona tiene la blusa.
6. **a.** La persona se prueba el suéter.   **b.** Otra persona se prueba el suéter.

Actividad E ¿Cuáles?

Complete each exchange with the correct demonstrative pronoun.

1. —Necesito la falda de cuero.
   —¿Cuál?
   a. Ese.   **b.** Esa.   **c.** Esos.   **d.** Esas.

2. —Deseo probarme unos zapatos de tenis.
   —¿Cuáles?
   a. Este.   **b.** Esta.   **c.** Estos.   **d.** Estas.

3. —Me gusta el cinturón negro.
   —¿Cuál?
   a. Aquel.   **b.** Aquella.   **c.** Aquellos.   **d.** Aquellas.

4. —¿Puedo probarme los pantalones blancos?
   —¿Cuáles?
   a. Este.   **b.** Esta.   **c.** Estos.   **d.** Estas.

5. —Prefiero el vestido morado.
   —¿Cuál?
   a. Ese.   **b.** Esa.   **c.** Esos.   **d.** Esas.

6. —¿Me puede traer las sandalias marrones?
   —¿Cuál?
   a. Aquel.   **b.** Aquella.   **c.** Aquellos.   **d.** Aquellas.

Actividad F ¿Cuál es el tuyo?

Listen to each sentence and indicate the clothing item to which it corresponds.

1. **a.** el cinturón   **b.** la bolsa   **c.** los pantalones

2. **a.** las medias   **b.** los zapatos   **c.** la blusa

3. **a.** el abrigo   **b.** los calzoncillos **c.** la bufanda

4. **a.** la cartera   **b.** el impermeable   **c.** las sandalias

5. **a.** los calcetines   **b.** el vestido   **c.** la corbata

6. **a.** las bufandas   **b.** el pijama   **c.** la bata

7. **a.** el abrigo   **b.** las gorras   **c.** los vaqueros

8. **a.** el traje   **b.** la chaqueta   **c.** los zapatos

 Go to page 74 to complete ¡Acción! 4.

TERCERA PARTE

Vocabulario

De compras

Shopping

Actividad A ¿En qué puedo servirle?

Put the following lines of an exchange between a clerk and a client in logical order by numbering them 1–9. The first two lines are numbered for you.

_____ DEPENDIENTE: Muy bien. Por aquí tenemos muchos. ¿Cuál es la talla de su mamá?

_____ DEPENDIENTE: ¿Qué tipo de vestido busca?

_____ DEPENDIENTE: Aquí hay uno en diez. ¿Le gusta este vestido? Es de las mejores (best) marcas y es una ganga.

_____ CLIENTE: Diez, creo. Y es muy baja.

__1__ DEPENDIENTE: Buenos días, señorita. ¿En qué puedo servirle?

_____ CLIENTE: ¡Excelente! Voy a comprar este. Pero, una pregunta, si le queda grande a mi mamá, ¿puedo devolver el vestido después?

_____ DEPENDIENTE: Sí, pero necesita traer el recibo (receipt). Vamos al mostrador, ¿no? ¿Desea pagar con tarjeta de crédito?

__2__ CLIENTE: Estoy buscando un vestido para mi mamá. Es su cumpleaños.

_____ CLIENTE: Un vestido elegante. Deseo ver los vestidos negros.

Actividad B En la tienda

Listen to the salesperson and match each thing he says with the corresponding response from the client. You will hear each statement or question twice.

1. _____
2. _____
3. _____
4. _____
5. _____
6. _____
7. _____

a. Con tarjeta de crédito, por favor.
b. Sólo estoy mirando, gracias.
c. Sí, gracias. ¿Dónde está el probador?
d. Sí, prefiero las camisas Tommy Hilfiger.
e. Nueve y medio.
f. Grande.
g. Entonces, pago en efectivo.

Actividad C ¿Qué venden?

Match each store with the items it sells.

1. _____ Zapatería González
2. _____ El Mundo (*World*) del Cuero
3. _____ Todo Deporte
4. _____ Lana Luxe
5. _____ Sastrería (*Tailor*) Gran Estilo
6. _____ El Mundo del Verano

a. las sudaderas y los zapatos de tenis
b. los trajes y las corbatas
c. los trajes de baño y las camisetas
d. las sandalias y las botas
e. los cinturones y las carteras
f. los suéteres y las bufandas

 Go to page 75 to complete ¡Acción! 5.

Gramática

Está bien.   More on ser and estar

Actividad D ¿Esperado (*Expected*) o inesperado (*unexpected*)?

Paso 1 Listen to the descriptions about Eduardo. Then indicate whether each statement describes something expected (**esperado**) or unexpected (**inesperado**).

	ESPERADO	INESPERADO
1.	☐	☐
2.	☐	☐
3.	☐	☐
4.	☐	☐
5.	☐	☐
6.	☐	☐
7.	☐	☐
8.	☐	☐

▲ **Paso 2** Based on the descriptions from **Paso 1**, indicate the correct sentence.

☐ Normalmente Eduardo es una persona divertida, pero hoy está de mal humor (*in a bad mood*).

☐ Normalmente Eduardo es una persona difícil, pero hoy está de buen humor.

Actividad E ¿Un cambio (*change*) o una descripción?

Read each statement, then indicate if it is a reaction to a change (**cambio**) or if it is a description (**descripción**).

		CAMBIO	DESCRIPCIÓN
1.	Marta tiene mucha ropa muy bonita. Es una mujer elegante.	☐	☐
2.	Esos chicos están muy agresivos. Voy a llamar al director.	☐	☐
3.	Paloma está muy grande.	☐	☐
4.	Los estudiantes son un poco introvertidos en esa clase.	☐	☐
5.	Después de un semestre en la universidad, estoy gordito (*chubby*).	☐	☐
6.	Esos pantalones están muy feos (*ugly*).	☐	☐

Actividad F ¿Ser o estar?

Indicate the correct verb to complete each sentence.

		ES	ESTÁ
1.	No me gusta ese programa. _____ aburrido.	☐	☐
2.	Juana _____ muy pequeña. Puede comprar ropa en la sección para adolescentes.	☐	☐
3.	No podemos comer ese tomate. _____ muy verde.	☐	☐
4.	No me gusta hablar con José. _____ muy egoísta.	☐	☐
5.	La camisa de Antonio _____ amarilla. ¡Muy amarilla!	☐	☐
6.	Pepe no come bien y ahora (*now*) _____ muy delgado (*thin*).	☐	☐
7.	Olga lleva ropa muy elegante hoy. _____ muy guapa (*good-looking*), ¿no?	☐	☐
8.	La profesora necesita cancelar la clase porque _____ mal hoy.	☐	☐

Go to page 76 to complete ¡Acción! 6.

 # Para escribir

Antes de escribir

For this activity, you will describe your first impressions of María and decide if she and Jaime have similar personalities. First, choose the adjectives from the list that best describe María, according to your first impressions. Then share your ideas with someone else.

(*continued*)

Creo que María es...

<table>
<tr><td>☐ aburrida.</td><td>☐ desconfiada.</td><td>☐ inteligente.</td></tr>
<tr><td>☐ alegre.</td><td>☐ divertida.</td><td>☐ introvertida.</td></tr>
<tr><td>☐ ambiciosa.</td><td>☐ enérgica.</td><td>☐ reservada.</td></tr>
<tr><td>☐ bonita (*pretty*).</td><td>☐ ingenua.</td><td>☐ seria.</td></tr>
</table>

A escribir

Paso 1 Now that you have made some preliminary decisions about your first impressions of María, decide how you will organize your thoughts. Select one of the possibilities below.

☐ describe each and then write about how María and Jaime are more similar than different

☐ describe each and then write about how María and Jaime are more different than similar

Paso 2 Now draft your composition on a separate sheet of paper. The following phrases may be helpful in writing your descriptions. You should also review the phrases from the **Para escribir** section of **Lección 1B** on page 43.

además	furthermore, in addition
creo que...	I think that . . .
me parece que...	it seems to me that . . .
(no) son (muy) parecidos	they're (not) (very) similar

Paso 3 Exchange compositions with a classmate so that you can provide initial feedback for each other. Do you agree with your classmate's assessment of Jaime's and María's personalities? As you read each other's composition, check for the following things.

☐ overall sense, meaning

☐ adjective/noun agreement

☐ subject/verb agreement

☐ spelling

Al entregar la composición

Paso 1 Review your classmate's feedback. As you go through your composition, remember to check for the correct use of the following.

☐ adjective/noun agreement

☐ subject/verb agreement

Paso 2 Now finalize your description and turn it in to your instructor.

 ¡Acción!

¡Acción! 1   La ropa

List at least three items of clothing for each category.

MODELO: el verano → el traje de baño, las sandalias, los pantalones cortos

1. un hombre o una mujer de negocios (*businessman or businesswoman*)

    _____   _____

    _____   _____

2. el invierno en Minnesota

    _____   _____

    _____   _____

3. cuando llueve

    _____   _____

    _____   _____

4. un muchacho que practica el béisbol

    _____   _____

    _____   _____

5. la primavera en Nueva York

    _____   _____

    _____   _____

¡Acción! 2   Mis preferencias

Answer the following questions, based on your personal preferences. Use complete sentences. You may also use a dictionary to look up unfamiliar words.

1. ¿Cuál es tu restaurante favorito y qué sirven allí?

    _____

    _____

2. ¿Qué pides cuando vas a ese (*that*) restaurante?

    _____

    _____

(continued)

3. ¿Cómo te vistes para ir a la universidad, por lo general?

_____

_____

4. ¿Sigues la moda? ¿Qué marcas y tipo de ropa prefieres?

_____

_____

¡Acción! 3 Los uniformes

Write a sentence describing the typical color of the following uniforms. For the last item, describe the typical color of the uniform of another job or profession.

> MODELO: la camisa del policía → La camisa del policía es azul.

1. la chaqueta del médico (_doctor_)

_____

2. la toga del juez (_judge's robe_)

_____

3. el hábito (_habit_) de la monja (_nun_)

_____

4. la camisa del árbitro (_referee_)

_____

5. la ropa que usa el soldado (_soldier_) como camuflaje

_____

6. otro

_____

¡Acción! 4 Esos y los míos

First, list five things that someone you know or someone around you is wearing. Then list five comparable things that you are wearing. Finally, compare what you and the other person are wearing, based on the model.

> MODELO: él/ella: camiseta   yo: camiseta →
> Esa camiseta no es como (_like_) la mía. La mía es verde y la suya es amarilla.

ÉL/ELLA LLEVA	YO LLEVO
1. _____	_____
_____	
2. _____	_____
_____	
3. _____	_____
_____	
4. _____	_____
_____	
5. _____	_____
_____	

¡Acción! 5 ¿Te gusta comprar en las tiendas o por el Internet?

Using some of the expressions below, write a paragraph explaining where you like to shop: in stores, on the Internet, both, or neither. Also explain why.

VOCABULARIO ÚTIL

devolver (ue)	to return (*something*)
las búsquedas	searches
el fraude	fraud
la presión	pressure
abierto/a	open
cerrado/a	closed

_____

_____

_____

_____

_____

_____

¡Acción! 6 ¿Qué te afecta?

Sometimes outside events can change our mood. Write six sentences in which you describe events or circumstances that change your moods.

MODELO: Soy bastante tranquila, pero cuando tengo un examen estoy muy nerviosa.

1. _____

2. _____

3. _____

4. _____

5. _____

6. _____

La familia

OBJETIVOS

IN THIS LESSON, YOU WILL CONTINUE TO PRACTICE:

- **talking about members of your immediate and extended family**

- **talking about knowing people, places, and factual information using the verbs saber and conocer**

- **using object pronouns to eliminate redundancy**

- **describing how people look**

- **making comparisons to describe people and things**

Vocabulario

Mi familia   **Members of the Immediate Family; Pets**

Actividad A La familia de Pilar

Indica si las siguientes (*following*) oraciones (*sentences*) son ciertas o falsas, según (*according to*) lo que dice Pilar de su familia. Puedes escuchar más de una vez si quieres.

		CIERTO	FALSO
1.	La hermanastra de Pilar se llama Teresa.	☐	☐
2.	Los gemelos tienen 22 años.	☐	☐
3.	Pilar no vive con su madre.	☐	☐
4.	El padre de Pilar ya murió (*already died*).	☐	☐
5.	Fanny es madre soltera.	☐	☐
6.	El gato de la familia se llama Osito.	☐	☐
7.	Pilar y Teresa tienen la misma edad.	☐	☐
8.	Clara es la hija adoptiva de Fanny.	☐	☐

Actividad B Las familias famosas

Indica qué relación existe (*exists*) entre las siguientes personas famosas.

1. Marge y Bart Simpson:

   a. hija/padre   **b.** madre/hijo   **c.** mujer/marido

2. Will Smith y Jada Pinkett-Smith:

   a. esposo/esposa   **b.** hermano/hermana   **c.** hijo/madre

3. Ozzy y Kelly Osbourne:

   a. marido/mujer   **b.** hijo/madre   **c.** padre/hija

4. Mary-Kate y Ashley Olsen:

   a. hermanas adoptivas   **b.** hermanas gemelas   **c.** hermanastras

5. Nicole y Lionel Richie:

    a. hijastra/padre   **b.** mujer/marido   **c.** hija adoptiva/padre

6. Michael y Janet Jackson:

    a. hermano/hermana   **b.** padre/hija   **c.** hijo/madre

Actividad C   Un árbol genealógico (*family tree*)

Estudia el siguiente árbol genealógico. Luego indica la(s) palabra(s) correcta(s) para completar cada una de las oraciones a continuación.

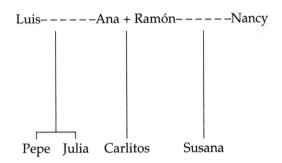

Luis– – – – – –Ana + Ramón– – – – – –Nancy

Pepe   Julia   Carlitos   Susana

1. Carlitos es el _____ de Julia.

    a. hijo   **b.** medio hermano   **c.** padre

2. Julia y Pepe son los _____ de Ramón.

    a. hermanastros   **b.** hijos   **c.** hijastros

3. El padre soltero de esta familia se llama _____.

    a. Carlitos   **b.** Ramón   **c.** Luis

4. Ana es la _____ de Susana.

    a. madrastra   **b.** hijastra   **c.** madre

5. Pepe y Julia son _____.

    a. hermanos   **b.** hijos únicos   **c.** hermanastros

6. _____ son esposos.

    a. Ramón y Nancy   **b.** Ana y Ramón   **c.** Luis y Ana

 Go to page 91 to complete ¡Acción! 1.

Gramática

Sí, conozco a la familia.
¿Sabes dónde están?

Saber and conocer;
Verbs that End in -zco

Actividad D ¿Sabes o conoces?

The following is a survey you could give a classmate to find out what he or she knows about the Spanish-speaking world. Indicate the correct verb form, **sabes** or **conoces,** to complete each question.

		SABES	CONOCES
1.	¿_____ quién descubrió América?	☐	☐
2.	¿_____ el arte de Salvador Dalí u otro pintor español?	☐	☐
3.	¿_____ la historia de *Don Quijote de la Mancha*?	☐	☐
4.	¿_____ la música de tango de Carlos Gardel?	☐	☐
5.	¿_____ en qué país se hablan el catalán y el vasco?	☐	☐
6.	¿_____ las bebidas (*drinks*) nacionales hispanas como el tequila, el ron o el jerez?	☐	☐

Actividad E ¿Es lógico o no?

▲ First, write the sentence that you hear. Then indicate if it is logical (**lógico**) or not (**ilógico**). You will hear each sentence twice.

		LÓGICO	ILÓGICO
1.	_____	☐	☐
2.	_____	☐	☐
3.	_____	☐	☐
4.	_____	☐	☐
5.	_____	☐	☐
6.	_____	☐	☐
7.	_____	☐	☐
8.	_____	☐	☐

Actividad F Situaciones

Indicate the correct verb to complete each sentence.

1. No _____ a mi padre porque él es alto (*tall*) y yo soy bajo (*short*).

   a. me parezco   **b.** obedezco

2. Si mi hermana no tiene dinero, yo _____ pagar sus cuentas.

   a. ofrezco   **b.** agradezco

3. No saludo (*I don't greet*) a una persona que no _____.

   a. merezco   **b.** reconozco

4. Cuando la profesora me ayuda (*helps me*) con la tarea, yo le _____ (*thank her*) mucho.

   a. reconozco   **b.** agradezco

5. No _____ una «A» en la clase de español porque siempre llego tarde a clase.

   a. ofrezco   **b.** merezco

6. Si no _____ a mis padres, ellos no me permiten (*allow me*) salir con mis amigos.

   a. obedezco   **b.** parezco

 Go to page 91 to complete ¡**Acción!** 2.

SEGUNDA PARTE

Vocabulario

Los otros parientes

Extended Family Members

Actividad A La familia extendida

Empareja (*Match*) las definiciones con la palabra correcta.

1. _____ el esposo de tu hermana
2. _____ los padres de tu esposo/a
3. _____ los padres de tu madre
4. _____ el hermano de tu padre
5. _____ la hija de tu tía
6. _____ el hijo de tu hijo
7. _____ la hija de tu hermano
8. _____ la madre de tus primos

   a. tu sobrina
   b. tus suegros
   c. tu cuñado
   d. tu nieto
   e. tus abuelos maternos
   f. tu tía
   g. tu prima
   h. tu tío

Actividad B ¿Cierto o falso?

Escucha las oraciones e indica si son ciertas o falsas.

VOCABULARIO ÚTIL

el testamento	will
honrar	to honor

	CIERTO	FALSO
1.	☐	☐
2.	☐	☐
3.	☐	☐
4.	☐	☐
5.	☐	☐
6.	☐	☐

Actividad C Una familia extendida

Estudia el siguiente árbol genealógico. Luego, completa las oraciones a continuación con la palabra o los nombres correspondientes.

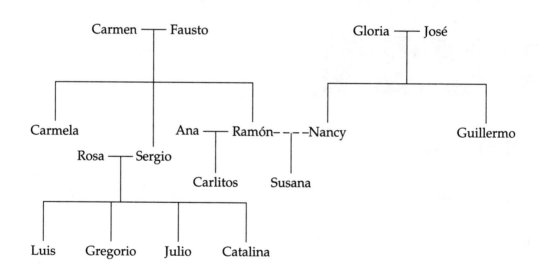

1. Catalina es la _____ de Carmen.

   a. abuela   **b.** sobrina   **c.** nieta

2. Ana y Carmela son _____.

   a. hermanas   **b.** cuñadas   **c.** suegras

3. Carmen y Fausto son los _____ de Rosa.

   a. suegros   **b.** padres   **c.** abuelos

4. Carlitos es el _____ de Gregorio.

   a. primo   **b.** tío   **c.** sobrino

5. Los abuelos maternos de Susana son _____.

   a. Ramón y Nancy   **b.** Carmen y Fausto   **c.** Gloria y José

6. Las tías de Carlitos son _____.

   a. Carmela y Ana   **b.** Rosa y Nancy   **c.** Carmela y Rosa

Go to page 92 to complete **¡Acción! 3.**

Gramática

¿La conoce?   **Direct Object Pronouns**

Actividad D   ¿Quién hace qué?

Listen to each sentence and indicate the sentence in English that corresponds with it.

1. ☐ Marisol understands him well.

   ☐ He understands Marisol well.

2. ☐ Juan sees them frequently.

   ☐ They see Juan frequently.

3. ☐ She wants to invite Jorge.

   ☐ Jorge wants to invite her.

4. ☐ Griselda knows César.

   ☐ César knows Griselda.

5. ☐ He respects her a lot.

   ☐ She respects him a lot.

6. ☐ They hug her.

   ☐ She hugs them.

7. ☐ Alejandro listens to him.

   ☐ He listens to Alejandro.

8. ☐ They criticize their mother.

   ☐ Their mother criticizes them.

Actividad E ¿A quién se refiere?

Indicate to whom each of the following sentences refers.

1. La llamo con frecuencia.
   a. mi tía
   b. mi hermano
   c. mi primo

2. Los veo los viernes.
   a. mis amigas
   b. mis abuelos
   c. mis hermanastras

3. Lo quiero mucho.
   a. mi madrastra
   b. mi gato
   c. mi cuñada

4. Las adoro (*I adore*).
   a. mis tíos
   b. mis suegros
   c. mis abuelas

5. La respeto (*I respect*).
   a. mi vecino (*neighbor*)
   b. mi mascota
   c. mi compañero de clase

6. Lo visito en enero.
   a. mi profesora
   b. mi amiga
   c. mi consejero (*advisor*)

Actividad F ¿Quién a quién?

Indicate the sentence in English that corresponds to each sentence in Spanish.

1. La llama un hombre.

   ☐ A man is calling her.

   ☐ She is calling a man.

2. A mi madre la besa mi padre.

   ☐ My mother kisses my father.

   ☐ My father kisses my mother.

3. La busca un niño.

   ☐ She is looking for a child.

   ☐ A child is looking for her.

4. Nos ayudan nuestros padres.

   ☐ Our parents help us.

   ☐ We help our parents.

5. Lo quiere llamar ella.

   ☐ She wants to call him.

   ☐ He wants to call her.

6. Los detestan los niños.

   ☐ They detest the children.

   ☐ The children detest them.

Go to page 92 to complete **¡Acción! 4.**

TERCERA PARTE

Vocabulario

No es muy alto.

Physical Traits

Actividad A El pelo

Indica la palabra correcta para completar cada oración.

1. _____ Una persona sin pelo es...

2. _____ Demi Moore tiene el pelo...

3. _____ Julianne Moore es...

4. _____ Shirley Temple tenía (*had*) el pelo...

5. _____ Tiger Woods tiene el pelo rizado y...

6. _____ Con los años el pelo tiende a (*tends*) ser...

a. rizado.
b. canoso.
c. pelirroja.
d. calva.
e. largo.
f. corto.

Actividad B ¿Quién es?

Escucha las descripciones e indica la persona descrita (*described*).

1. a. George Clooney
   b. Woody Allen

2. a. Melanie Griffith
   b. Rosie O'Donnell

(continued)

3. **a.** Keanu Reeves
   b. Robert Redford

4. **a.** Susan Sarandon
   b. Nicole Kidman

5. **a.** Brad Pitt
   b. John Malkovich

6. **a.** Madonna
   b. Minnie Driver

Actividad C ¿Lógico o ilógico?

Indica si las siguientes oraciones son lógicas o ilógicas.

	LÓGICO	ILÓGICO
1. Para ser jinete (*jockey*) profesional, es bueno ser alto.	☐	☐
2. Las personas con la piel muy blanca deben pasar mucho tiempo al sol.	☐	☐
3. Los soldados (*soldiers*) suelen tener el pelo muy corto.	☐	☐
4. Por lo general, las modelos* de ropa son delgadas.	☐	☐
5. Los niños suelen ser canosos.	☐	☐
6. El pelo rojo y las pecas son características físicas típicas de los hispanos.	☐	☐

 Go to page 93 to complete ¡Acción! 5.

Gramática

Es más alto que yo.   **Comparisons of Equality and Inequality**

Actividad D ¿Más o menos?

Indicate the correct word to complete each sentence.

1. California es _____ grande que Ohio.

   ☐ más

   ☐ menos

2. La población de Alaska es _____ numerosa que la de Nueva York.

   ☐ más

   ☐ menos

---

*The word **modelo** is invariable in form and is used whether talking about a male model or a female model.

3. George W. Bush es _____ que George Bush.

   ☐ mayor

   ☐ menor

4. El número de hispanohablantes es _____ en Florida que en Maine.

   ☐ mayor

   ☐ menor

5. En las universidades de los Estados Unidos, hay _____ estudiantes de español que de árabe (*Arabic*).

   ☐ más

   ☐ menos

6. El mes de mayo tiene _____ días que el mes de noviembre.

   ☐ más

   ☐ menos

Actividad E ¿Cierto o falso?

Listen to Lidia describe her family. Then indicate whether each sentence is true (**cierto**) or false (**falso**), based on what she says. You can listen more than once if you like.

VOCABULARIO ÚTIL

parecidas	similar
de mal humor	in a bad mood
no se lleva bien	doesn't get along well

	CIERTO	FALSO
1. Luz es menor que Ricardo.	☐	☐
2. A Luz y Eva les gustan más los deportes que a Lidia.	☐	☐
3. Teresa es mayor que Lidia.	☐	☐
4. Clara tiene tantos años como Lidia.	☐	☐
5. Clara es la menos simpática de la familia.	☐	☐
6. Raúl es el menor de la familia.	☐	☐

Actividad F En el mundo

Indicate the correct word to complete each sentence.

1. La ciudad de Chicago es _____ interesante como la ciudad de Nueva York.

   a. tanto   **b.** tan   **c.** tanta

2. Hay _____ tráfico en Barcelona como en la ciudad de México.

   a. tanto   **b.** tanta   **c.** tan

(continued)

3. En Madrid, los adolescentes no trabajan _____ como los adolescentes en Pittsburgh.

   a. tan   **b.** tanto   **c.** tantos

4. Los trenes en los Estados Unidos no van _____ rápido como los trenes en Europa.

   a. tantos   **b.** tanto   **c.** tan

5. Hay _____ montañas (*mountains*) altas en Chile como en Colorado.

   a. tantos   **b.** tan   **c.** tantas

6. No hay _____ violencia en el campo (*country*) como en la ciudad.

   a. tan   **b.** tanto   **c.** tanta

 Go to page 93 to complete ¡Acción! 6.

¡A escuchar!

Antes de escuchar

Paso 1 Ahora Roberto y Marisela hablan del **Episodio 3** de *Sol y viento.* Específicamente, hablan de Carlos y Jaime. Indica las oraciones a continuación que corresponden a lo que tú crees que Roberto y Marisela piensan de Carlos y Jaime. Vas a averiguar (*check*) tus respuestas (*answers*) despues de escuchar su conversación.

☐ A Marisela no le gusta la actitud (*attitude*) de Carlos.

☐ Roberto piensa que Carlos es un buen hombre de negocios.

☐ Roberto y Marisela piensan que Carlos no trata (*treat*) bien a sus empleados.

☐ Roberto cree que Jaime está preocupado (*worried*).

☐ Marisela opina que Carlos no quiere (*doesn't love*) a su madre.

Paso 2 Estudia las siguientes palabras y frases que se usan en esta conversación.

mentiroso	deceitful
tratar	to treat
el jefe	boss
cansado	tired
de todas maneras	anyway, anyhow
presionar	to pressure
por cierto	by the way
distraído	distracted

A escuchar

Ahora, escucha la conversación.

Después de escuchar

Paso 1   Averigua tus respuestas para **Antes de escuchar, Paso 1** en la clave de respuestas (*answer key*).

Paso 2   Ahora contesta cada pregunta a continuación, basándote en (*based on*) lo que oíste (*you heard*).

1. Marisela tiene una opinión más favorable de Carlos que de Jaime.

    ☐ sí

    ☐ no

2. Roberto piensa que Carlos está...

    ☐ preocupado y exagerado.

    ☐ cansado y serio.

    ☐ nervioso y preocupado.

3. Según Roberto, la hermana de Carlos es menor que Carlos.

    ☐ sí

    ☐ no

4. Roberto cree que Jaime también tiene preocupaciones porque...

    ☐ está nervioso.

    ☐ está serio y distraído.

    ☐ habla de su familia.

Estrategia

Remember to use **más... que** and **menos... que** to make unequal comparisons in Spanish. When making comparisons of equality use **tan/tanto... como.** The words **mayor** and **menor** are used to compare ages.

Paso 3   Escucha la conversación entre Roberto y Marisela otra vez. Usa la estrategia y trata de reconocer las comparaciones.

1. Escoge (*Choose*) una comparación con la que (*with which*) estás de acuerdo y escríbela en el espacio en blanco.

    _____

2. Ahora escoge una comparación con la que *no* estás de acuerdo y escríbela en el espacio en blanco.

    _____

3. Corrige (*Correct*) la segunda comparación para expresar tu propia (*own*) opinión.

    _____

(*continued*)

Paso 4 Ahora escribe dos o tres oraciones sobre lo que piensas de la opinión de Roberto sobre Carlos.

_____

_____

_____

_____

_____

_____

🎬 ¡Acción!

¡Acción! 1 Una prueba

Dibuja (*Draw*) el árbol genealógico de tu familia. Luego, escribe seis oraciones, algunas ciertas y otras falsas, basadas en el árbol.

Los ———————————————————

MODELO: Gloria es mi madre.

		CIERTO	FALSO
1.	——————————————————————————.	☐	☐
2.	——————————————————————————.	☐	☐
3.	——————————————————————————.	☐	☐
4.	——————————————————————————.	☐	☐
5.	——————————————————————————.	☐	☐
6.	——————————————————————————.	☐	☐

¡Acción! 2 Preguntas para mi profesor(a)

Escribe tres oraciones con **saber** y tres oraciones con **conocer** para conseguir (*get*) información sobre tu profesor(a) de español. Usa **tú** o **Ud.,** según la costumbre (*custom*) de la clase.

MODELO: ¿Sabe Ud. tocar algún instrumento musical?

1. ————————————————————————————————————
2. ————————————————————————————————————
3. ————————————————————————————————————
4. ————————————————————————————————————
5. ————————————————————————————————————
6. ————————————————————————————————————

¡Acción! 3 Mi familia extendida

Escribe un párrafo de más o menos cincuenta palabras sobre tu familia extendida. Incluye información sobre tus tíos, abuelos, primos, etcétera.

_____

_____

_____

_____

_____

_____

_____

_____

_____

_____

¡Acción! 4 Los parientes

Paso 1 Utilizando los verbos a continuación, escribe tres oraciones en las que describes lo que los parientes nos hacen (*do for us*). Usa otras palabras para aumentar (*enhance*) tus oraciones.

abrazar   invitar

comprender   llamar (por teléfono)

conocer   respetar

escuchar

MODELO: Nos llaman por teléfono con frecuencia (*frequently*).

1. _____

2. _____

3. _____

Paso 2 Ahora escribe tres oraciones sobre lo que nosotros les hacemos (*do for*) a nuestros parientes. Utiliza los mismos verbos del **Paso 1.**

MODELO: Los invitamos a nuestra casa para la Navidad (*Christmas*).

1. _____

2. _____

3. _____

¡Acción! 5 ¿Cómo es?

Escribe una oración para describir a cada persona a continuación. Incluye por lo menos tres rasgos físicos.

1. (yo) _____

_____

2. (mi mejor amigo/a) _____

_____

3. (mi profesor[a] de español) _____

_____

4. (mi actor favorito) _____

_____

5. (mi actriz favorita) _____

_____

6. (un pariente) _____

_____

¡Acción! 6 Comparaciones

Escribe seis oraciones en las que te comparas (*you compare yourself*) con diferentes miembros de tu familia.

más que	mayor que	tan... como
menos que	menor que	tanto/a(s)... como

MODELO: Mi hermano no tiene tantos gatos como yo.

1. _____
2. _____
3. _____
4. _____
5. _____
6. _____

¡A comer!

OBJETIVOS

IN THIS LESSON, YOU WILL CONTINUE TO PRACTICE:

- talking about what you eat for breakfast
- expressing negation
- talking about what you eat for lunch and for snacking
- contrasting the uses of **ser** and **estar**
- talking about what you eat for dinner
- using indirect object pronouns

Vocabulario

El desayuno

Breakfast

Actividad A Asociaciones

Empareja cada comida con la categoría correspondiente.

1. _____ la rosquilla
2. _____ el tocino
3. _____ el yogur
4. _____ los huevos
5. _____ el cereal
6. _____ la salchicha
7. _____ la toronja
8. _____ el pan tostado

a. frutas y verduras
b. productos lácteos (*dairy*)
c. carbohidratos
d. proteínas

Actividad B Mis desayunos

Indica si las siguientes oraciones son ciertas o falsas según lo que dice Marisol sobre sus desayunos. Puedes escuchar más de una vez si quieres.

Marisol…

		CIERTO	FALSO
1.	come panqueques los días de trabajo.	☐	☐
2.	come cereal como parte de su dieta los jueves.	☐	☐
3.	desayuna yogur los fines de semana.	☐	☐
4.	come una barra de frutas en el autobús.	☐	☐
5.	come proteínas los fines de semana.	☐	☐
6.	desayuna cereal los miércoles.	☐	☐
7.	toma café todos los días.	☐	☐
8.	come huevos los fines de semana.	☐	☐

Actividad C   El desayuno preferido

Escucha cada una de las oraciones e indica el desayuno correspondiente de la lista. Vas a oír cada oración dos veces.

1. _____
2. _____
3. _____
4. _____
5. _____
6. _____

a. café con leche o jugo
b. pan tostado a la francesa con jarabe (*syrup*), huevos fritos, tocino, café y jugo de naranja
c. cereal cocido y café
d. media toronja y una manzana
e. yogur y un vaso de leche
f. chilaquiles y salchichas

Go to page 107 to complete ¡Acción! 1.

Gramática

No lo sé tampoco.   **Indefinite and Negative Words**

Actividad D   ¿Qué tipo de estudiante es?

Indicate whether each statement refers to a good student (**bueno**) or a bad student (**malo**).

	BUENO	MALO
1. Jamás hace la tarea.	☐	☐
2. Nunca llega tarde a clases.	☐	☐
3. No hace nada en clase.	☐	☐
4. No se lleva bien (*He/She doesn't get along well*) con nadie.	☐	☐
5. Si alguien necesita ayuda, siempre se la ofrece (*offers it to him/her*).	☐	☐
6. Nunca participa en ninguna actividad de la clase.	☐	☐
7. Siempre come o bebe algo en sus clases.	☐	☐
8. Nunca entrega nada tarde.	☐	☐

Actividad E ¿Qué tipo de profesor es?

Listen to the descriptions of two different Spanish professors. Indicate whether each description refers to a good professor (**bueno**) or a bad professor (**malo**).

VOCABULARIO ÚTIL

se siente frustrado	he/she feels frustrated
sin	without
de antemano	beforehand

	BUENO	MALO
1.	☐	☐
2.	☐	☐
3.	☐	☐
4.	☐	☐
5.	☐	☐
6.	☐	☐
7.	☐	☐
8.	☐	☐

Actividad F La importancia del desayuno

Circle the correct words in parentheses to complete the following paragraph about the importance of eating breakfast.

(**Siempre / Nunca**)[1] se dice que el desayuno es la comida más importante del día. Los expertos dicen que debemos consumir el 25 por ciento de las calorías del día por la mañana. La mayoría de las personas[a] no tiene (**algo / nada**)[2] en contra de tal[b] afirmación, pero la verdad es que muchas personas (**siempre / jamás**)[3] desayunan por falta[c] de tiempo. Los que sí[d] tienen tiempo no tienen (**alguna / ninguna**)[4] motivación para comer una dieta equilibrada.[e] Suelen seleccionar comidas altas en azúcar como *Pop Tarts*, panqueques y pasteles. (**También / Tampoco**)[5] desayunan comidas altas en grasas, como las de los restaurantes de comida rápida. Así parece que es necesario que (**alguien / nadie**)[6] nos vuelva a enseñar[f] cómo desayunar saludablemente.

[a]La... *Most people* [b]en... *against such* [c]*lack* [d]Los... *Those who do* [e]*balanced* [f]nos... *teach us again*

Go to page 107 to complete ¡**Acción! 2.**

SEGUNDA PARTE

Vocabulario

El almuerzo y la merienda

Lunch and Snacking

Actividad A Categorías

Indica el alimento que corresponde a cada una de las categorías de comida.

1. los dulces

   a. la chuleta   **b.** el brócoli   **c.** el helado

2. las proteínas

   a. las judías verdes   **b.** el pescado   **c.** las papas

3. los productos lácteos

   a. las palomitas   **b.** el queso   **c.** el bistec

4. las verduras

   a. los champiñones   **b.** el pollo   **c.** la toronja

5. los carbohidratos

   a. la lechuga   **b.** la salsa   **c.** el arroz

6. los postres

   a. el flan   **b.** la hamburguesa   **c.** la sopa

Actividad B ¿Almuerzo mexicano o norteamericano?

Escucha cada descripción e indica si corresponde a un almuerzo al estilo mexicano o norteamericano.

	MEXICANO	NORTEAMERICANO
1.	☐	☐
2.	☐	☐
3.	☐	☐
4.	☐	☐
5.	☐	☐
6.	☐	☐

Actividad C Preguntas alimenticias (*food*)

Lee cada pregunta e indica la respuesta correcta.

1. ¿Cuál de los siguientes alimentos es bajo en calorías?

    a. el sándwich de verduras   **b.** la chuleta de cerdo   **c.** las papas fritas

2. ¿Cuál de los siguientes platos es ideal para un vegetariano?

    a. el jamón   **b.** la ensalada   **c.** el pollo

3. ¿Qué no debe consumir un diabético?

    a. sándwiches de carnes   **b.** verduras con mantequilla   **c.** refrescos con azúcar

4. Si uno está a dieta (*on a diet*), ¿qué debe evitar (*avoid*)?

    a. el bróculi   **b.** el helado   **c.** los jalapeños

5. ¿Qué se recomienda tomar cuando uno hace ejercicio (*exercises*)?

    a. cerveza   **b.** vino   **c.** agua

6. ¿Cuál de las siguientes comidas suele servirse caliente?

    a. la sopa   **b.** el sándwich con mermelada   **c.** la toronja

 Go to page 107 to complete ¡Acción! 3.

Gramática

Está muy serio.   Ser Versus estar with Adjectives

 Actividad D ¿Qué alimento o bebida es?

Listen to each definition and indicate the food item or drink described.

1. **a.** la mermelada   **b.** la mantequilla   **c.** la mayonesa

2. **a.** el helado   **b.** el huevo   **c.** el queso

3. **a.** el plátano   **b.** la manzana   **c.** la toronja

4. **a.** el arroz   **b.** el vino   **c.** el tomate

5. **a.** el bróculi   **b.** la lechuga   **c.** la zanahoria

6. **a.** el café   **b.** el jugo de naranja   **c.** el agua

Actividad E ¿Está bien cocido?

Indicate the correct phrase with **estar** to complete each sentence.

1. La cerveza, después de pasar unas horas en el refrigerador,...

   a. está cruda.   **b.** está pasada.   **c.** está fría.

2. Los chiles jalapeños, cuando se comen muy maduros (*ripe*),...

   a. están salados.   **b.** están picantes.   **c.** están calientes.

3. Las fresas (*strawberries*), cuando se comen muy rojas,...

   a. están cocidas.   **b.** están agrias.   **c.** están dulces.

4. El té, sin (*without*) azúcar ni miel (*honey*),...

   a. está frío.   **b.** está amargo.   **c.** está caliente.

5. La sopa, cuando no tiene sabor (*taste*),...

   a. está picosa.   **b.** está aguada.   **c.** está agria.

6. El bistec, cuando tiene un color rojizo (*reddish*),...

   a. está pasado.   **b.** está caliente.   **c.** está crudo.

Actividad F Un diálogo

Circle the correct form of **ser** or **estar** in parentheses to complete the following dialogue between a waiter (**el mesero**) and a restaurant patron (**el cliente**).

MESERO: ¿Qué tal (**es/está**)[1] la comida hoy, señor?

CLIENTE: El bistec suele (**ser/estar**)[2] muy rico aquí, pero hoy (**es/está**)[3] muy crudo.

MESERO: Le puedo traer otro. Seguro que le gustan las verduras... (**son/están**)[4] las más frescas[a] de la región.

CLIENTE: Por lo general sí, pero estas (**son/están**)[5] duras y pasadas.

MESERO: Mil disculpas.[b] ¿Y la sopa, señor?

CLIENTE: Bueno, (**es/está**)[6] caliente y muy rica, ¡pero no (**es/está**)[7] lo que pedí[c]!

[a]*fresh* [b]Mil... *A thousand pardons.* [c]lo... *what I ordered*

 Go to page 108 to complete **¡Acción! 4.**

Vocabulario

La cena

Dinner

Actividad A ¿Qué es?

Escucha cada definición e indica el alimento o la bebida correspondiente.

1. **a.** el maíz **b.** la lechuga **c.** los espárragos
2. **a.** la cerveza **b.** el vino **c.** el refresco
3. **a.** el plátano **b.** la manzana **c.** la toronja
4. **a.** la coliflor **b.** el flan **c.** el pastel
5. **a.** la papa **b.** el tomate **c.** la zanahoria
6. **a.** el té **b.** la cerveza **c.** el refresco

Actividad B ¿De qué marca es?

Empareja cada alimento o bebida con la marca correspondiente.

1. _____ el pastel
2. _____ la sopa
3. _____ la cerveza
4. _____ las verduras congeladas (*frozen*)
5. _____ los espaguetis
6. _____ el aceite de maíz
7. _____ el jamón
8. _____ el helado

- **a.** Wesson
- **b.** Green Giant
- **c.** Oscar Meyer
- **d.** Heineken
- **e.** Campbell's
- **f.** Sara Lee
- **g.** Ben & Jerry's
- **h.** Barilla

Actividad C ¡Busca el intruso!

Indica la comida que *no* se asocia con cada categoría a continuación.

1. los mariscos

   a. la langosta **b.** el camarón **c.** el pollo

2. las grasas

   a. el arroz **b.** la mantequilla **c.** el tocino

3. las carnes

   a. el rosbif   **b.** el queso   **c.** la chuleta de cerdo

4. los postres

   a. los champiñones   **b.** el pastel   **c.** el helado

5. las frutas

   a. la manzana   **b.** la banana   **c.** la lechuga

6. las verduras

   a. el maíz   **b.** la zanahoria   **c.** el pan

7. los carbohidratos

   a. el arroz   **b.** la toronja   **c.** la galleta

8. los productos lácteos

   a. las palomitas   **b.** la mantequilla   **c.** el queso

Go to page 108 to complete **¡Acción! 5.**

Gramática

¿Le gusta el vino?   Indirect Object Pronouns and gustar

Actividad D   ¿Qué le gusta?

Listen to the speakers describe some preferences they have regarding meals. Then indicate the letter of the food item(s) to complete each of the following sentences.

1. A esta persona probablemente le gustan…

   a. las papas fritas.   **b.** las verduras.   **c.** los pasteles.

2. A esta persona probablemente le gusta…

   a. el helado.   **b.** la sopa.   **c.** la leche.

3. A esta persona probablemente *no* le gusta…

   a. el aguacate.   **b.** la carne de res.   **c.** la hamburguesa de soja.

4. A esta persona probablemente le gustan…

   a. los espaguetis.   **b.** las tortillas.   **c.** los chícharros.

5. A esta persona probablemente *no* le gusta…

   a. el agua.   **b.** el jugo.   **c.** la cerveza.

6. A esta persona probablemente le gusta…

   a. el rosbif.   **b.** la ensalada.   **c.** el pescado.

Actividad E En el restaurante

Indicate the order, from 1–7, in which a waiter does the following things for clients in a restaurant.

El mesero (*waiter*)...

_____ nos trae el aperitivo (*appetizer*) y nos toma el orden (*order*).

_____ nos pregunta si un aperitivo deseamos.

_____ nos da la cuenta.

_____ nos dice «Bienvenidos» (*Welcome*).

_____ nos da el menú.

_____ nos ofrece el postre.

_____ nos da las gracias y nos invita a volver al restaurante.

Actividad F ¿Le o les?

Indicate the correct indirect object pronoun (**le** or **les**) to complete each sentence.

1. Los diabéticos no _____ ponen azúcar al cereal preparado.
   - ☐ le
   - ☐ les

2. Los niños _____ ponen mucha salsa de tomate (*ketchup*) a las papas fritas.
   - ☐ le
   - ☐ les

3. Mucha gente _____ pone mantequilla a las palomitas de maíz.
   - ☐ le
   - ☐ les

4. Uno _____ puede poner hielo (*ice*) a la sopa si está muy caliente.
   - ☐ le
   - ☐ les

5. En Chicago _____ ponen tomates picados (*diced*) a los perros calientes (*hot dogs*).
   - ☐ le
   - ☐ les

6. Si uno _____ pone cebollas al sándwich de atún, debe masticar chicle (*chew gum*) después para no tener mal aliento (*bad breath*).
   - ☐ le
   - ☐ les

 Go to page 109 to complete ¡**Acción!** 6.

Para escribir

Antes de escribir

Para esta actividad, vas a escribir una breve composición sobre los gustos de Jaime y Carlos. Para comenzar, indica si las oraciones se refieren a Jaime, a Carlos o a los dos.

	JAIME	CARLOS	LOS DOS
1. Le gusta darse aires (*to put on airs*).	☐	☐	☐
2. Le gusta su trabajo (*work*).	☐	☐	☐
3. Le gusta mandar (*to give orders*).	☐	☐	☐
4. No le gusta esperar (*to wait*).	☐	☐	☐
5. Le gusta ir al grano (*to get to the point*).	☐	☐	☐
6. Le gustan los vinos chilenos.	☐	☐	☐
7. Le gustan los negocios (*business*).	☐	☐	☐
8. No le gustan las sorpresas (*surprises*).	☐	☐	☐

A escribir

Paso 1 Ahora que tienes ideas sobre los gustos de cada personaje, ¿cómo vas a organizarlas? Escoge una de las posibilidades a continuación.

☐ escribir sobre los gustos de Jaime primero, y luego sobre los de Carlos

☐ escribir sobre los gustos de Carlos, y luego sobre los de Jaime

☐ comparar a los dos simultáneamente, según la lista de características

Paso 2 Ahora escribe un borrador en una hoja (*sheet*) de papel aparte. Las palabras y frases a continuación te pueden ser útiles al redactar tu composición.

por otro (lado)	on the other (hand)
por un lado	on the one hand
también	also
tampoco	either, neither

Paso 3 Intercambia tu composición con la de un compañero (una compañera) de clase. Mientras lees su composición, revisa los siguientes puntos.

☐ el significado y el sentido en general

☐ la concordancia (*agreement*) entre sustantivo y adjetivo

☐ la concordancia entre sujeto y verbo

☐ la ortografía (*spelling*)

(*continued*)

Al entregar la composición

Usa los comentarios de tu compañero/a de clase para escribir una versión final de tu composición. Repasa (*Review*) los siguientes puntos sobre el lenguaje y luego entrégale la composición a tu profesor(a).

- ☐ el uso correcto de **le** y **les**
- ☐ el uso correcto de **gusta** y **gustan**

▣ ¡Acción!

¡Acción! 1 ¿Qué desayunas?

Escribe un párrafo de más o menos cincuenta palabras sobre lo que comes para el desayuno los días de entre semana (*on weekdays*). ¿Crees que tus desayunos son típicos de un estudiante de tu universidad?

_____

_____

_____

_____

_____

_____

¡Acción! 2 ¿Desayunas algo?

Escribe seis oraciones sobre lo que comes o no comes por la mañana. Usa expresiones indefinidas y negativas en tus oraciones.

MODELO: No desayuno cereal nunca.

1. _____
2. _____
3. _____
4. _____
5. _____
6. _____

¡Acción! 3 El almuerzo ideal

Describe el almuerzo ideal para cada una de las personas descritas (*described*) a continuación.

MODELO: una mujer embarazada (*pregnant*) →
          El almuerzo ideal para una mujer embarazada es un vaso de leche, un sándwich de pavo y fruta.

1. un jugador de fútbol americano

_____

2. una supermodelo

_____

3. un niño (una niña) de 5 años

_____

(*continued*)

4. un hombre (una mujer) de negocios (*businessman/businesswoman*)

_____

5. un(a) adolescente

_____

6. un vegetariano

_____

¡Acción! 4 Adivinanzas (*Riddles*)

Escoge seis alimentos de esta lección y escribe una adivinanza para cada uno, usando **ser** y **estar**. Usa **estar** en por lo menos dos de las adivinanzas. Incluye la respuesta a las adivinanzas entre paréntesis.

> MODELOS: Esta verdura **es** anaranjada y puede comerse cocida o cruda. ¿Qué es?
> (la zanahoria)
>
> Esta proteína **es** dura cuando **está** muy bien cocida. ¿Qué es? (el bistec)

1. _____

2. _____

3. _____

4. _____

5. _____

6. _____

¡Acción! 5 Los días festivos (*Holidays*)

Completa las siguientes oraciones con alimentos y bebidas que normalmente cenas en el día indicado. Si no celebras algún día, indica otra día de celebración.

> MODELO: Suelo cenar bistec, espárragos con mantequilla y vino tinto para la Nochebuena (*Christmas Eve*).

1. Para la Nochebuena suelo cenar _____, _____ y _____.

2. El Día de Acción de Gracias (*Thanksgiving*) me gusta cenar _____, _____ y _____.

3. Para la Noche Vieja (*New Year's Eve*) suelo cenar _____, _____ y _____.

4. Para celebrar la Pascua (*Easter*) suelo cenar _____, _____ y _____.

5. En una primera cita (*first date*) nunca ceno _____, _____ o _____.

6. Para celebrar mi cumpleaños (*birthday*) suelo cenar _____ y _____, pero no ceno _____ ese día.

¡Acción! 6 Mi profesor(a) de español

Escribe seis oraciones sobre lo que crees que le gusta o no le gusta comer y beber a tu profesor(a) de español. Tu profesor(a) puede indicar si tienes razón (*if you're right*) o no.

MODELOS: A mi profesora le gustan mucho los mariscos.

A mi profesor no le gusta el vino.

		SÍ	NO
1.	_____	☐	☐
2.	_____	☐	☐
3.	_____	☐	☐
4.	_____	☐	☐
5.	_____	☐	☐
6.	_____	☐	☐

Cuando no trabajo...

IN THIS LESSON, YOU WILL CONTINUE TO PRACTICE:

- **talking about pastimes and leisure activities**

- **talking about sports and fitness activities**

- **talking about special occasions and holidays**

- **talking about activities in the past using the preterite tense**

Vocabulario

El tiempo libre   **Leisure Activities**

 Actividad A Descripciones

Escucha los verbos y empareja cada uno con la descripción correspondiente. Vas a oír cada verbo dos veces.

1. ____ Es el acto de hacer figuras e imágenes con un lápiz y una hoja de papel.

2. ____ Es una actividad de concentración y descanso (*rest*) mental.

3. ____ Es participar en un juego de estrategia.

4. ____ Es una actividad que consiste en pasar la vista por (*to look over*) lo escrito en un libro, un periódico u otro texto.

5. ____ Es lo que haces cuando la casa está desordenada (*messy*) o en malas condiciones.

6. ____ Necesitas ritmo y coordinación para hacer esto bien.

7. ____ Esta actividad consiste en preparar comida.

8. ____ Esto se hace en Blockbuster o con Netflix.

Actividad B Asociaciones

Empareja cada verbo con el objeto correspondiente.

1. ____ pintar
2. ____ leer
3. ____ cocinar
4. ____ andar
5. ____ tocar
6. ____ jugar
7. ____ dar
8. ____ coleccionar

a. en bicicleta
b. fiestas
c. el piano
d. un retrato (*portrait*)
e. la cena
f. estampillas
g. al ajedrez
h. un libro

Actividad C ¿Cierto o falso?

Indica si cada una de las siguientes oraciones es cierta o falsa.

		CIERTO	FALSO
1.	Meditar no es una actividad social, por lo general.	☐	☐
2.	Andar en bicicleta no es una actividad física.	☐	☐
3.	No es posible sacar un vídeo en la biblioteca.	☐	☐
4.	El ajedrez es un juego estratégico.	☐	☐
5.	Tocar el piano no es una actividad artística.	☐	☐
6.	Dar un paseo es una actividad sedentaria.	☐	☐
7.	Picar la comida es comer mucho.	☐	☐
8.	Bailar bien requiere mucha coordinación.	☐	☐

 Go to page 123 to complete ¡Acción! 1.

Gramática

Lo pasé muy bien.

*

Preterite Tense of Regular -ar Verbs

Actividad D ¿Él o yo?

Listen to each sentence, then indicate if the verb used is in the **yo** or **él** form of the present or preterite tense. You will hear each sentence twice.

	YO: PRESENTE	ÉL: PRESENTE	YO: PRETÉRITO	ÉL: PRETÉRITO
1.	☐	☐	☐	☐
2.	☐	☐	☐	☐
3.	☐	☐	☐	☐
4.	☐	☐	☐	☐
5.	☐	☐	☐	☐
6.	☐	☐	☐	☐
7.	☐	☐	☐	☐
8.	☐	☐	☐	☐

Actividad E ¿Quién?

Listen to each sentence. First, circle the subject of the sentence. Then indicate whether the written statement is a logical conclusion of what you heard (**lógico**) or not (**ilógico**). You will hear each sentence twice.

		LÓGICO	ILÓGICO
1. a. yo **b.** tú **c.** un amigo	A la persona le gusta comer.	☐	☐
2. a. yo **b.** tú **c.** un amigo	La persona es introvertida.	☐	☐
3. a. nosotros **b.** otras personas	A las personas les gusta el arte.	☐	☐
4. a. nosotros **b.** otras personas	A las personas no les gustan las actividades acuáticas.	☐	☐
5. a. yo **b.** tú **c.** un amigo	La persona no está contenta con lo que hizo (*did*).	☐	☐
6. a. yo **b.** tú **c.** un amigo	La persona desea ser artista.	☐	☐
7. a. yo **b.** tú **c.** un amigo	Ahora la casa es de otro color.	☐	☐
8. a. yo **b.** tú **c.** un amigo	La persona es introvertida.	☐	☐

Actividad F ¿Yo u otra persona?

For each activity below, indicate whether the subject is **yo** or **otra persona.** For each statement that is about someone else, write the name of the famous person described.

		YO	OTRA PERSONA
1.	Pintó la *Mona Lisa*.	☐	☐ _____
2.	Estudié esta semana.	☐	☐ _____
3.	Navegó de España a América.	☐	☐ _____
4.	Hablé con un buen amigo.	☐	☐ _____
5.	Caminó en la luna.	☐	☐ _____
6.	Ayudó a Orville Wright.	☐	☐ _____

 Go to page 123 to complete ¡Acción! 2.

Vocabulario

El ejercicio y el gimnasio

*

Sports and Fitness

Actividad A Las actividades

Escucha las actividades y empareja cada una con la descripción correspondiente.

1. _____ Es como correr o trotar, pero no tan rápido.

2. _____ En este deporte no se permite usar las manos. Requiere mucha agilidad.

3. _____ Es lo que hacen las personas que quieren fortalecer sus músculos.

4. _____ Esta actividad se hace en la nieve o sobre el agua.

5. _____ Para hacer esta actividad se necesita una bicicleta.

6. _____ Esta actividad se hace en el agua. Se necesita un traje de baño.

7. _____ Es un ejercicio aeróbico y es una buena manera de quemar calorías.

8. _____ Es lo que hace Tiger Woods como profesión.

Actividad B Los deportes

Indica la respuesta correcta.

1. Muchas personas juegan este deporte en un club privado.

   a. fútbol   **b.** golf   **c.** correr

2. Esta actividad se puede hacer en una piscina o en un lago (*lake*).

   a. caminar   **b.** tenis   **c.** nadar

3. Para esta actividad se necesitan una pelota (*ball*) y una red (*net*).

   a. vólibol   **b.** nadar   **c.** levantar pesas

4. Para llegar a ser (*To become*) «Mr. Universe», tienes que hacer esto.

   a. caminar   **b.** levantar pesas   **c** nadar

5. Es como trotar, pero más rápido.

   a. caminar   **b.** nadar   **c.** correr

6. Puede ser estacionario o no.

   a. hacer ciclismo   **b.** nadar   **c.** levantar pesas

(continued)

7. En un juego entre dos personas, cuando una gana, ¿qué hace la otra?

   a. Suda. b. Pierde. c. Compite.

8. Puede ser aeróbico o no.

   a. ganar b. hacer ejercicio c. perder

Actividad C ¿Cierto o falso?

Indica si cada una de las siguientes oraciones es cierta o falsa.

	CIERTO	FALSO
1. Tienes que ser muy joven para jugar al golf.	☐	☐
2. Correr es una actividad aeróbica.	☐	☐
3. Si compites, puedes ganar o puedes perder.	☐	☐
4. Se puede nadar en la nieve (*snow*).	☐	☐
5. Si haces ejercicio aeróbico, vas a sudar.	☐	☐
6. El vólibol es un deporte popular en la playa (*beach*).	☐	☐
7. Esquiar puede ser una actividad acuática.	☐	☐
8. Caminar no es una actividad acuática.	☐	☐

Go to page 123 to complete ¡Acción! 3.

Gramática

Volví tarde.

Preterite of Regular -er and -ir Verbs

Actividad D ¿Presente o pretérito?

Read each statement and indicate whether the verb is in the present or preterite tense.

	PRESENTE	PRETÉRITO
1. Volvimos a tiempo.	☐	☐
2. Conocimos al profesor.	☐	☐
3. Hacemos el ciclismo.	☐	☐
4. Perdimos el partido.	☐	☐
5. Leemos mucho.	☐	☐
6. Comimos tarde.	☐	☐
7. Bebimos vino.	☐	☐
8. No creemos eso.	☐	☐

Actividad E ¿A quién se refiere?

Listen to each statement and indicate to whom it refers. Pay attention to the verb endings. You will hear each statement twice.

1. _____
2. _____
3. _____
4. _____
5. _____
6. _____

a. yo (*the speaker*)
b. tú (*the listener*)
c. tu compañero de clase
d. mi familia y yo
e. tú y tus compañeros (*in Spain*)
f. tus hermanos

Actividad F ¿Quién?

Listen to each sentence. First, circle the subject of the sentence. Then indicate whether the written statement is a logical conclusion of what you heard (**lógico**) or not (**ilógico**). You will hear each sentence twice.

		LÓGICO	ILÓGICO
1. **a.** yo **b.** tú **c.** un amigo	La persona sudó.	☐	☐
2. **a.** yo **b.** tú **c.** un amigo	La persona quemó muchas calorías.	☐	☐
3. **a.** yo **b.** tú **c.** un amigo	La persona salió por la noche.	☐	☐
4. **a.** yo **b.** tú **c.** un amigo	La persona no sabe leer.	☐	☐
5. **a.** nosotros **b.** otras personas	No les gustan las bebidas alcohólicas.	☐	☐
6. **a.** nosotros **b.** otras personas	Otra persona enseñó algo.	☐	☐
7. **a.** yo **b.** tú **c.** un amigo	Ahora no puede pagar sus cuentas.	☐	☐
8. **a.** nosotros **b.** otras personas	El otro equipo ganó más puntos.	☐	☐

 Go to page 124 to complete ¡Acción! 4.

Vocabulario

¿Cuándo celebras tu cumpleaños?   **Special Occasions and Holidays**

Actividad A Los días festivos

Escucha los nombres de los días festivos y empareja cada uno con la descripción correspondiente. Vas a oír cada día festivo dos veces.

1. _____ Es la última noche del año.

2. _____ Es una fiesta religiosa para los judíos. A veces coincide con la Navidad. Otro nombre para esta celebración es el Jánuka.

3. _____ Es un día para los románticos. También se llama el Día de los Enamorados.

4. _____ Es una fiesta religiosa para los cristianos que normalmente se celebra en abril.

5. _____ Es un día importante para los irlandeses. Se celebra en marzo y muchas personas llevan ropa verde.

6. _____ Es un día en el que se reúne la familia en los Estados Unidos. Todos comen mucho pavo y miran partidos de fútbol americano.

7. _____ A muchas personas les gusta ir a Nueva Orleáns o a Río de Janeiro para celebrar esta fiesta. Hay celebraciones tremendas.

8. _____ Es la noche antes de la Navidad.

Actividad B ¿Norte o sur?

Indica si las siguientes oraciones se refieren al hemisferio norte (N) o al hemisferio sur (S).

	N	S
1. Celebran la Navidad en verano.	☐	☐
2. Celebran la Pascua en la primavera.	☐	☐
3. Celebran el Martes de Carnaval en otoño.	☐	☐
4. Celebran la Nochebuena en invierno.	☐	☐
5. Celebran el Día de San Valentín en verano.	☐	☐
6. Celebran la Noche Vieja en verano.	☐	☐
7. Celebren el Día de Acción de Gracias en otoño.	☐	☐

Actividad C   Asociaciones

Indica el concepto que *no* se asocia con el día festivo.

1. la Navidad

   a. los regalos   **b.** el color azul   **c.** una música especial

2. la Pascua

   a. la ropa nueva   **b.** los huevos   **c.** el color rojo

3. el Día de San Patricio

   a. los irlandeses (*Irish*)   **b.** el color verde   **c.** la ropa nueva

4. el Día de Acción de Gracias

   a. el pavo y el jamón   **b.** los regalos   **c.** la familia

5. la Fiesta de las Luces

   a. el color verde   **b.** una música especial   **c.** los regalos

6. la Noche Vieja

   a. el champán   **b.** el brindis   **c.** los dulces

 Go to page 124 to complete **¡Acción! 5.**

Gramática

¿Qué hiciste?   **Irregular Preterite Forms**

 Actividad D   ¿Él o yo?

Listen to each sentence, then indicate if the verb used is in the **yo** or **él** form of the present or preterite tense. You will hear each sentence twice.

	YO: PRESENTE	ÉL: PRESENTE	YO: PRETÉRITO	ÉL: PRETÉRITO
1.	☐	☐	☐	☐
2.	☐	☐	☐	☐
3.	☐	☐	☐	☐
4.	☐	☐	☐	☐
5.	☐	☐	☐	☐
6.	☐	☐	☐	☐
7.	☐	☐	☐	☐
8.	☐	☐	☐	☐

Actividad E En el tiempo libre

Match the correct verb to complete each sentence about the things different people did in their free time yesterday.

1. Yo _____ en bicicleta por dos horas.

2. Carlos _____ ejercicio aeróbico.

3. Nina y Javier _____ al teatro.

4. Anita y yo _____ un paseo.

5. Uds. _____ cinco vídeos de películas españolas a casa.

6, 7. Pedro _____ que tú no _____ nada.

8. Bárbara _____ en el gimnasio todo el día.

a. dimos
b. hizo
c. fueron
d. anduve
e. hiciste
f. estuvo
g. trajeron
h. dijo

Actividad F ¿Quién?

Listen to each sentence. First, circle the subject of the sentence. Then indicate whether the written statement is a logical conclusion of what you heard (**lógico**) or not (**ilógico**). You will hear each sentence twice.

			LÓGICO	ILÓGICO
1.	**a.** yo **b.** tú **c.** un amigo	Los amigos fueron también.	☐	☐
2.	**a.** yo **b.** tú **c.** un amigo	Ahora la persona lo siente (*regrets it*).	☐	☐
3.	**a.** yo **b.** tú **c.** un amigo	La persona es pragmática.	☐	☐
4.	**a.** nosotros **b.** otras personas	Todos los demás saben guardar (*to keep*) un secreto.	☐	☐
5.	**a.** yo **b.** tú **c.** un amigo	Al final la persona dijo algo.	☐	☐
6.	**a.** yo **b.** tú **c.** otra persona	La persona es padre.	☐	☐

Go to page 124 to complete ¡Acción! 6.

¡A escuchar!

~~~~~~ ✳

Antes de escuchar

Paso 1 Escucha a Roberto y Marisela hablar del **Episodio 4.** Al principio de la conversación, Marisela le dice a Roberto que ella se considera (*considers herself*) una buena detective. ¿Qué crees que Marisela va a decir para mostrarle a (*show*) Roberto que es buena detective?

☐ que María es una mujer muy inteligente

☐ que descubrió (*she discovered*) algo

☐ que no le gustó Traimaqueo

Paso 2 Estudia las siguientes palabras y expresiones nuevas antes de escuchar la conversación.

la mentira	lie
mentir (i, i)*	to lie
el despistado	absent-minded guy
amable	nice
después de todo	after all
traer entre manos	to be up to something

A escuchar

Ahora escucha la conversación.

Después de escuchar

Paso 1 Averigua tus respuestas para **Antes de escuchar, Paso 1.**

Paso 2 Ahora contesta las preguntas según la conversación entre Roberto y Marisela.

1. Según Marisela, ¿quiénes son las dos personas que mintieron?

   ☐ Carlos y Traimaqueo

   ☐ Jaime y doña Isabel

   ☐ Carlos y Jaime

2. Roberto piensa que doña Isabel...

   ☐ realmente está en Santiago.

   ☐ está loca.

   ☐ no está muy bien de salud.

(*continued*)

---

*The verb **mentir** has two stem vowel changes in the preterite: **mintió** and **mintieron.** You will learn more about these stem changes in **Lección 4B.**

3. ¿Cómo justifica Roberto a Jaime?

☐ Dice que Jaime trata de ser cortés con María.

☐ Dice que Jaime trata de ser sincero con María.

☐ Dice que Jaime trata de ser un buen hombre de negocios.

4. Al final, Marisela sigue pensando que el viaje de Jaime a la viña «Sol y viento» fue malo.

☐ sí

☐ no

Estrategia

As you learned in your textbook, the preterite and the imperfect are two of the most frequently used verb forms to talk about the past in Spanish. The difference between them often expresses an idea that is not easily translated into English. It takes time to be able to use these verb forms correctly, but you can enhance your chances of acquiring them by paying close attention to their use in conversation. In this lesson, you are concentrating on the preterite. In most cases, an action has three phases: a beginning, a middle, and an end. The speaker will use the preterite when focusing on the beginning or the end of the action.

Paso 3 Escucha la conversación entre Roberto y Marisela otra vez. Primero, trata de identificar seis verbos en el pretérito y escríbelos en los espacios en blanco. Luego escribe el infinitivo de cada verbo en el segundo espacio en blanco.

MODELO: descubrí   descubrir

PRETÉRITO	INFINITIVO
1. _____	_____
2. _____	_____
3. _____	_____
4. _____	_____
5. _____	_____
6. _____	_____

Paso 4 Roberto hace una pregunta al final de la conversación, pero Marisela no la contesta. Contesta la pregunta de Roberto en una o dos oraciones.

_____

_____

_____

_____

▣ ¡Acción!

¡Acción! 1 En los ratos libres

Escribe cinco oraciones sobre lo que te gusta hacer en tus ratos libres.

1. _____
2. _____
3. _____
4. _____
5. _____

¡Acción! 2 ¿Qué hiciste?

Contesta las siguientes preguntas sobre la última fiesta que asististe. Escribe oraciones completas.

1. ¿Lo pasaste muy bien?

   _____

2. ¿Te rozaste con la gente?

   _____

3. ¿Quiénes bailaron?

   _____

4. ¿Sólo picaste la comida o comiste bien?

   _____

5. ¿Tocaron música muy buena?

   _____

¡Acción! 3 Los deportes

Escribe un párrafo de veinticinco a cincuenta palabras sobre los deportes que te gusta jugar, los deportes que te gusta observar y los deportes que no te gustan para nada (*at all*).

_____

_____

_____

_____

_____

_____

_____

¡Acción! 4 Anoche

Usa los verbos de la lista para escribir oraciones que describen lo que las personas indicadas hicieron o no hicieron anoche.

aprender	comer	leer	ver
beber	correr	salir	volver

YO

1. _____

2. _____

EL PROFESOR (LA PROFESORA)

3. _____

4. _____

MIS COMPAÑEROS DE CLASE

5. _____

6. _____

¡Acción! 5 Los días festivos

Escribe cinco oraciones sobre cinco días festivos diferentes.

1. _____

2. _____

3. _____

4. _____

5. _____

¡Acción! 6 La semana pasada

Contesta las preguntas sobre la semana pasada. Escribe oraciones completas.

1. ¿Fuiste a algún lugar en especial? ¿con quién?

_____

2. ¿Cuántas páginas del libro de español tuvieron Uds. que estudiar y/o preparar?

_____

3. ¿Hiciste preguntas en alguna clase?

_____

4. ¿Alguien dijo algo cómico en alguna clase?

_____

5. ¿Pudiste terminar todas las tareas antes de ir a clases?

_____

LECCIÓN 4B

En casa

OBJETIVOS

**IN THIS LESSON,
YOU WILL
CONTINUE TO
PRACTICE:**

- **talking about dwellings and buildings**

- **talking about activities in the past tense with stem-changing -ir verbs in the preterite**

- **talking about rooms, furniture, and other items found in a house**

- **avoiding redundancy by using direct and indirect object pronouns together**

- **describing typical household chores**

- **identifying distinctions between por and para**

Vocabulario

¿Dónde vives?

Dwellings and Buildings

 Actividad A   Descripciones

Escucha las palabras y frases y empareja cada una con la descripción correspondiente. Vas a oír cada palabra o frase dos veces.

1. _____ Es una persona que alquila un apartamento.

2. _____ Es un apartamento que se compra.

3. _____ Todos tus vecinos y tú viven allí.

4. _____ Si vives en un apartamento, puedes hacer una barbacoa allí.

5. _____ El edificio es de esta persona.

6. _____ Es el cuarto o el edificio donde trabaja una persona.

7. _____ Si vives aquí, probablemente eres estudiante.

8. _____ Si no compras tu casa, tienes que pagar esto cada mes.

Actividad B   ¿Cierto o falso?

Indica si cada una de las siguientes oraciones es cierta o falsa.

	CIERTO	FALSO
1. El portero es la persona que comparte un cuarto contigo (*with you*).	☐	☐
2. Las personas que viven en la misma zona son vecinos.	☐	☐
3. Las viviendas con una vista buena son generalmente más caras.	☐	☐
4. Las torres se encuentran en algunas iglesias y universidades.	☐	☐
5. Antes de alquilar un piso, tienes que firmar un contrato.	☐	☐
6. En España el piso es un apartamento.	☐	☐
7. La dirección incluye el código postal (*zip code*).	☐	☐
8. El hogar es un apartamento que alquilas, no es una casa.	☐	☐

 Go to page 137 to complete ¡Acción! 1.

Gramática

No durmió bien.   e → i, o → u Preterite Stem Changes

Actividad C Presidentes de los Estados Unidos

Complete each description by matching it to the corresponding president(s).

1. _____ murió a los 46 años de edad, en 1963.

2. _____ fue electo a la presidencia por dos períodos consecutivos, de 1993 a 2001.

3. _____ y _____ murieron el mismo día (4 de julio de 1826).

4. _____ primero fue gobernador de Texas.

5. _____ murió asesinado en un teatro.

a. Lincoln
b. Adams
c. Bush
d. Jefferson
e. Clinton
f. Kennedy

Actividad D Los cuentos de hadas (*Fairy tales*)

Read the statements and match each one with the character it describes.

1. _____ Durmió durante cien años.

2. _____ Prefirió tener pies (*feet*) y no tener voz (*voice*).

3. _____ Murió al comer una manzana.

4. _____ El lobo (*wolf*) sintió hambre (*hungry*) cuando los vio.

5. _____ Le pidió al hada madrina (*fairy godmother*) un deseo.

6. _____ Divirtió a los ratones (*mice*) con su música.

7. _____ El lobo le sugirió un camino (*path*) largo.

a. la Cenicienta (*Cinderella*)
b. el flautista de Hamelín
c. Caperucita Roja (*Little Red Riding Hood*)
d. la Sirenita (*The Little Mermaid*)
e. la Bella Durmiente (*Sleeping Beauty*)
f. los tres cochinitos (*The Three Little Pigs*)
g. Blanca Nieves (*Snow White*)

Actividad E ¿Quién fue?

Listen to each statement, then indicate if the speaker is talking about what he and his roommate did or about what his friends did.

	MI COMPAÑERO Y YO	MIS AMIGOS
1.	☐	☐
2.	☐	☐
3.	☐	☐
4.	☐	☐
5.	☐	☐
6.	☐	☐
7.	☐	☐
8.	☐	☐

Go to page 137 to complete ¡Acción! 2.

SEGUNDA PARTE

Vocabulario

Es mi sillón favorito.

Furniture and Rooms

Actividad A ¿Qué es?

Escucha las palabras y empareja cada una con la descripción correspondiente.

1. _____ Es el lugar donde ves la televisión con familia y amigos.

2. _____ Es el lugar donde pones la ropa cuando no la llevas.

3. _____ Es el lugar donde encuentras el lavabo y el inodoro.

4. _____ Es el lugar donde preparas la comida.

5. _____ Es el lugar donde encuentras el auto y las bicicletas de una familia.

6. _____ Es el lugar donde pones libros.

7. _____ Es el lugar donde duermes.

8. _____ Es el lugar donde sirves la comida.

Actividad B ¿Cierto o falso?

Indica si cada una de las siguientes oraciones es cierta o falsa.

	CIERTO	FALSO
1. Es típico ver una bañera en la cocina.	☐	☐
2. La ducha se encuentra en el jardín.	☐	☐
3. Es bueno poner la lámpara donde uno lee más.	☐	☐
4. En el patio típicamente se encuentran plantas.	☐	☐
5. Un dormitorio amueblado no tiene armario ni cama.	☐	☐
6. Una cama sencilla es más pequeña que una doble.	☐	☐
7. Los cuadros van generalmente sobre la alfombra.	☐	☐
8. Las mesitas se usan mucho en la sala.	☐	☐

Go to page 138 to complete ¡Acción! 3.

Gramática

Ya te lo dije.   **Double-Object Pronouns**

Actividad C ¿Me lo haces?

Listen to the questions and match each one to the correct response. You will hear each question twice.

1. _____
2. _____
3. _____
4. _____
5. _____
6. _____
7. _____
8. _____

a. Ya te las di.
b. Sí, sí. Se lo digo.
c. Ya te los devolví (returned).
d. Te la dejé en tu cuarto.
e. Creo que ya te lo di, ¿no?
f. No, ¿me la puedes explicar?
g. Sí, claro. ¿Me las puedes poner en el comedor?
h. Sí, ¿me lo puedes traer?

Actividad D ¿Eres independiente o no?

Paso 1 Read each question, then circle the responses to each that are *not* grammatically possible.

1. ¿Te limpia la cocina otra persona?
   a. No, me la limpio yo.
   b. No, no me lo limpia.
   c. Sí, me la limpia.
   d. Sí, te la limpia.

2. ¿Te dicen tus padres: «Llámanos más»?
   a. No, no me lo dicen.
   b. No, no se lo dicen.
   c. Sí, me la dicen.
   d. Sí, me lo dicen.

3. ¿Te lava los platos otra persona?
   a. No, no me las lava.
   b. No, me los lavo yo.
   c. Sí, me los lava.
   d. Sí, se los lavo yo.

4. ¿Te da dinero otra persona?
   a. No, no me lo da.
   b. No, no se lo doy.
   c. Sí, me lo da.
   d. Sí, me la da.

5. ¿Te paga las cuentas otra persona?
   a. No, no se las pago.
   b. No, me las pago yo.
   c. Sí, me las paga.
   d. Sí, me los paga.

Paso 2 Of the remaining answers for each item in **Paso 1,** write the letter of the one that describes your personal situation.

   1. _____   2. _____   3. _____   4. _____   5. _____

Paso 3 Use the following key to determine how independent you are.

   a or **b** = 1 point   **c** or **d** = 0 points

   (1.) _____ + (2.) _____ + (3.) _____ + (4.) _____ + (5.) _____ = _____

   5 = muy independiente   0 = muy consentido/a (*pampered*)

Actividad E ¿Se te aplica?

Indicate the most logical response for each situation.

1. Mis amigos me piden dinero, pero no lo tengo.

   a. No se lo doy.   **b.** No me lo dan.   **c.** Se lo doy.

2. Mi amigo tiene un problema, pero no quiere mis consejos (*advice*).

   a. Me los pide igualmente.   **b.** No se los doy.   **c.** No me los da.

3. Tengo unos libros de texto que mi amigo necesita por un día y yo no los necesito.

   a. Me los da.   **b.** Se los doy.   **c.** Se lo doy.

4. Mi amiga olvidó (*forgot*) traer dinero en efectivo para su refresco y no aceptan tarjetas de crédito.

   a. Se lo pago.   **b.** Me la paga.   **c.** Me lo paga.

5. Una compañera me pide una goma de borrar (*eraser*) durante un examen.

   a. Me la pasa.   **b.** Se la doy.   **c.** Se lo doy.

6. Mi profesor hace una pregunta en clase y yo sé la respuesta.

   a. Me la contesta.   **b.** Se lo dice.   **c.** Se la contesto.

7. Encontré las monedas que perdió mi hermano.

   a. Me las da.   **b.** Se las doy.   **c.** Se lo doy.

 Go to page 138 to complete **¡Acción! 4.**

TERCERA PARTE

Vocabulario

¿Te gusta lavar la ropa?   **Domestic Chores and Routines**

Actividad A Asociaciones

Empareja los verbos con los objetos correspondientes.

1. _____ fregar   **a.** las paredes
2. _____ pulir   **b.** el piso
                          c. la cama
3. _____ pasar   **d.** los platos
                          e. los muebles
4. _____ planchar   **f.** la basura
                          g. la ropa
5. _____ barrer   **h.** la aspiradora
6. _____ sacar
7. _____ pintar
8. _____ hacer

Actividad B   Los quehaceres domésticos

Escucha los quehaceres domésticos y empareja cada uno con la descripción correspondiente.

1. _____ Es pasar una escoba.

2. _____ Es algo que hacemos con la ropa limpia y seca que todavía no se ve bien.

3. _____ Muchas personas hacen esto después de levantarse para arreglar un poco la habitación.

4. _____ Para hacer esto, es preferible usar un buen detergente y a veces es necesario usar lejía.

5. _____ Muchos hacen esto con jabón y una esponja después de cada comida.

6. _____ Es limpiar la alfombra.

7. _____ Es lo que haces para cambiar el color de un cuarto.

8. _____ Es pasar el plumero.

Actividad C   ¿Qué se usa?

Indica la(s) palabra(s) correcta(s) para completar cada oración.

1. Para lavar los platos necesitas…
   a. lejía.
   b. jabón.
   c. un plumero.

2. Para limpiar la alfombra utilizas…
   a. la aspiradora.
   b. la estufa.
   c. una plancha.

3. Pules los muebles con…
   a. un plumero y lejía.
   b. una esponja y detergente.
   c. un trapo y un plumero.

4. Limpias las ventanas con…
   a. toallas de papel.
   b. la lavadora.
   c. el refrigerador.

5. Para barrer necesitas…
   a. una nevera.
   b. una escoba.
   c. una cafetera.

6. Después de lavar la ropa la pones en…
   a. el microondas.
   b. la secadora.
   c. el horno.

7. Pones el helado en...
   a. la nevera.
   b. la estufa.
   c. la plancha.

8. Fregas los platos con...
   a. una aspiradora.
   b. una escoba.
   c. una esponja.

 Go to page 139 to complete ¡**Acción! 5.**

Gramática

¿Para mí?   **Introduction to por Versus para**

 **Actividad D   ¿Por qué?**

Listen to each sentence or question, then indicate the correct preposition to complete the response. You will hear each sentence or question twice.

1. ¿____ mí?

   ☐ Por

   ☐ Para

2. ¿____ cuándo?

   ☐ Por

   ☐ Para

3. ____ la mañana.

   ☐ Por

   ☐ Para

4. Vas a pasar ____ Madison, ¿no?

   ☐ por

   ☐ para

5. Sí, y sustituto la carne ____ el tofú.

   ☐ por

   ☐ para

6. Así que, lo hiciste ____ ella, ¿verdad?

   ☐ por

   ☐ para

Actividad E ¿Por o para?

Indicate the correct preposition to complete each sentence.

1. Mi hermano me fastidia (*annoys*) _____ placer (*pleasure*).

   ☐ por

   ☐ para

2. Voy _____ Miami mañana. Tengo familia allí.

   ☐ por

   ☐ para

3. Este contrato es _____ ti.

   ☐ por

   ☐ para

4. No hay vuelos (*flights*) directos. Tienes que pasar _____ Atlanta.

   ☐ por

   ☐ para

5. No tengo energía _____ la tarde.

   ☐ por

   ☐ para

6. Tengo que escribir la composición _____ el lunes.

   ☐ por

   ☐ para

7. Presté (*I gave*) servicio militar _____ mi país.

   ☐ por

   ☐ para

8. Esta tienda vende ropa _____ niños.

   ☐ por

   ☐ para

Go to page 139 to complete ¡Acción! 6.

Para escribir

Antes de escribir

Paso 1 Para esta actividad, vas a escribir una breve composición sobre los eventos más importantes en *Sol y viento* hasta el momento. Para comenzar, indica (✔) los eventos más importantes para narrar la historia. (Los espacios en blanco son para el **Paso 2**.)

_____ ☐ Jaime llegó a Santiago.

_____ ☐ Jaime conoció a María en el Parque Forestal.

_____ ☐ Mario se ofreció como chofer.

_____ ☐ Jaime llamó a Carlos.

_____ ☐ Jaime conoció a Carlos.

_____ ☐ Jaime conoció a Yolanda, la esposa de Traimaqueo.

_____ ☐ Jaime supo que Carlos le había mentido (*had lied to him*).

_____ ☐ Jaime salió a correr.

_____ ☐ Carlos le sirvió a Jaime una copa de un vino especial.

_____ ☐ Jaime dio con (*ran into*) María otra vez.

_____ ☐ Traimaqueo le dio a Jaime un tour de la bodega y la viña.

_____ ☐ Jaime invitó a María a tomar algo y ella aceptó.

Paso 2 Pon los eventos que marcaste en orden cronológico. Escribe los números en los espacios en blanco del **Paso 1.**

A escribir

Paso 1 Usa los eventos del **Paso 1** para escribir un borrador en una hoja de papel aparte. Las palabras y expresiones a continuación te pueden ser útiles.

al día siguiente	the next day
después	afterwards
después de + (noun/infinitive)	after (+ noun/infinitive)
entonces	then
luego	then
más tarde	later
pero	but
y	and

Paso 2 Repasa bien lo que has escrito (*you have written*). ¿Quieres agregar (*to add*) oraciones para hacer la narración más interesante? Por ejemplo, en vez de decir: «Jaime fue al Parque Forestal para correr. Allí conoció a María», escribe algo como «Jaime fue a correr en el Parque Forestal donde conoció a María, una mujer joven, atractiva e inteligente».

(*continued*)

Paso 3 Intercambia tu composición con la de un compañero (una compañera) de clase. Mientras lees su composición, revisa los siguientes puntos.

☐ el significado y el sentido en general

☐ la concordancia entre sustantivo y adjetivo

☐ la concordancia entre sujeto y verbo

☐ la ortografía

Al entregar la composición

Usa los comentarios de tu compañero/a de clase para escribir una versión final de tu composición. Repasa los siguientes puntos sobre el lenguaje y luego entrégale la composición a tu profesor(a).

☐ la concordancia entre sustantivos y adjetivos

☐ la forma correcta de verbos en el pretérito

 # ¡Acción!

¡Acción! 1   En la universidad

Imagina que un amigo viene a estudiar en tu universidad. Escríbele una carta de veinticinco a cincuenta palabras para describir la vivienda aquí. ¿Qué opciones hay? ¿Es caro vivir aquí?

¡Hola, _____!:

_____

_____

_____

_____

_____

_____

Un saludo,

_____ (tu nombre)

¡Acción! 2   ¿Buen compañero de cuarto?

Las siguientes oraciones describen lo que un compañero de cuarto hizo ayer. Primero, completa cada una con la forma correcta del verbo entre paréntesis. Luego, indica si te molesta lo que hizo o no. Cuando termines, indica si crees que Uds. podrían (could) ser buenos compañeros de cuarto o no.

	ME MOLESTA.	NO ME MOLESTA.
1. _____ (Dormir) hasta mediodía.	☐	☐
2. Le _____ (pedir) prestados (he borrowed) unos CDs a su compañero de cuarto.	☐	☐
3. Se _____ (servir) una porción de pizza que alguien dejó en el refrigerador.	☐	☐
4. Se _____ (divertir) hasta tarde con sus amigos.	☐	☐
5. Se _____ (sentir) ofendido cuando le dijeron que el apartamento no estaba limpio.	☐	☐
6. _____ (Conseguir) un gato como mascota.	☐	☐

Seríamos (We would be) buenos compañeros de cuarto.

☐ ¡Por cierto!

☐ Quizás. (Perhaps.)

☐ ¡Ni modo! (No way!)

¡Acción! 3 Mi casa

Contesta las siguientes preguntas sobre tu hogar. Escribe oraciones completas.

1. ¿Cuántos cuartos tiene?

   _____

2. Describe el exterior. ¿Tiene garaje? ¿patio? ¿jardín? ¿balcón?

   _____

3. ¿Cómo es tu habitación?

   _____

4. ¿Cómo es la cocina?

   _____

5. ¿Qué muebles y decoraciones hay?

   _____

¡Acción! 4 ¿Cómo son tus relaciones con tus amigos?

Paso 1 Contesta las siguientes preguntas sobre las relaciones entre tú y un buen amigo (una buena amiga). Usa oraciones completas.

1. ¿Te pide consejos (*advice*) tu amigo/a?

   _____

2. ¿Le pides tú consejos a él/ella?

   _____

3. ¿Te presta (*he/she lend*) dinero? ¿Le devuelves (*you return*) el dinero pronto (*soon*)?

   _____

4. ¿Les prestas dinero tú a él/ella? ¿Te devuelve el dinero pronto?

   _____

Paso 2 Basándote en tus respuestas a las preguntas del **Paso 1,** indica cuál de las declaraciones es cierta para tus relaciones con tu amigo/a.

☐ Somos generosos con los consejos.

☐ No somos generosos con los consejos.

☐ Somos generosos con el dinero.

☐ No somos generosos con el dinero.

¡Acción! 5 ¿Tienes la casa limpia?

Contesta las siguientes preguntas sobre tu rutina de quehaceres domésticos. Escribe oraciones completas.

1. ¿Con qué frecuencia lavas los platos?

   _____

2. ¿Con qué frecuencia limpias el baño?

   _____

3. ¿Qué usas para quitar el polvo?

   _____

4. ¿Qué usas para lavar la ropa?

   _____

5. ¿Para qué usas toallas de papel?

   _____

¡Acción! 6 Personas famosas

Dé el nombre de una persona que hizo cada una de las siguientes cosas, y describe lo que pasó en una o dos oraciones. Trata de pensar en figuras históricas y políticas.

MODELO: alguien que hizo muchas cosas por el bienestar (*well-being*) de la sociedad →
Benjamin Franklin hizo muchas cosas por el bienestar de la sociedad. Descubrió la electricidad, inventó los anteojos (*eyeglasses*) y fue uno de los fundadores (*founders*) de los Estados Unidos.

1. alguien que murió por su patria (*country*)

   _____

2. alguien que hizo algo bueno para mejorar la sociedad

   _____

3. alguien que viajó por un lugar (continente, país) muy poco conocido

   _____

4. alguien que fue elegido para una misión importante

   _____

La tecnología y yo

OBJETIVOS

IN THIS LESSON, YOU WILL CONTINUE TO PRACTICE:

- words and expressions associated with computers and the Internet

- using verbs like **gustar** to talk about what interests you, bothers you, and so forth

- talking about useful electronic devices

- using reflexive pronouns to talk about what people do to and for themselves

- talking about your pastimes and activities now and when you were younger

- using imperfect verb forms to talk about what you used to do

Vocabulario

Mi computadora   **Computers and Computer Use** ✳

Actividad A ¿La computadora o la red?

Indica si la palabra que oyes se asocia con la computadora o la red.

	LA COMPUTADORA	LA RED
1.	☐	☐
2.	☐	☐
3.	☐	☐
4.	☐	☐
5.	☐	☐
6.	☐	☐
7.	☐	☐
8.	☐	☐

Actividad B Usando la computadora

Pon en orden (del 1 al 8) las oraciones que describen algunas de las actividades típicas en la computadora. La primera está marcada.

_____ Se leen los mensajes nuevos.

_____ Se abre el programa del correo electrónico.

_____ Se hace clic en el botón «responder».

_____ Se conecta al Internet con el módem.

_____ Se escribe la contraseña para usar la computadora.

_____ Se apaga el programa del correo electrónico y la computadora.

__1__ Se enciende la computadora.

_____ Se escribe un mensaje y se le manda a la persona original.

Actividad C ¿Ventaja o desventaja? (*Advantage or disadvantage?*)

Las computadoras nos ofrecen muchas ventajas, pero presentan problemas también. Lee las oraciones e indica la respuesta más lógica. ¡OJO! En algunos casos, hay más de una respuesta posible.

	VENTAJA	DESVENTAJA
1. Puedes estar en contacto con personas de todas partes del mundo.	☐	☐
2. Hay que guardar los documentos con frecuencia.	☐	☐
3. Las páginas Web contienen todo tipo de información.	☐	☐
4. Los disquetes son bastante frágiles.	☐	☐
5. Los estudiantes pueden hacer una búsqueda en la red en vez de tener que ir a la biblioteca.	☐	☐
6. Se puede descargar música.	☐	☐
7. A veces las computadoras se congelan.	☐	☐
8. El disco duro guarda muchísima información.	☐	☐

 Go to page 153 to complete ¡Acción! 1.

Gramática

¡Me fascina!   **Verbs Like gustar**

Actividad D Reacciones típicas

For each situation, select the response that makes the most sense.

1. Dos personas reciben una tarjeta electrónica el día de su aniversario.

   a. Les agrada.   **b.** No les importa.

2. Unos profesores descubren que sus estudiantes comparten por correo electrónico las respuestas para un examen.

   a. Les parece bien.   **b.** Les molesta mucho.

3. Los empleados de una compañía no pueden descargar documentos necesarios por correo electrónico.

   a. Les encanta.   **b.** No les gusta.

4. Dos secretarias reciben documentos electrónicos con virus destructivos.

   a. Les cae bastante bien.   **b.** Les cae muy mal.

5. Unos estudiantes intentan hacer una tarea en el Internet, pero el enlace no funciona.

   a. No les molesta.   **b.** Les molesta.

6. Los ejecutivos ocupados (*busy*) reciben el mismo mensaje de sus empleados diez veces.

   a. No les agrada.   **b.** Les encanta.

Actividad E ¿Afición o fobia?

Paso 1 Listen to each statement and indicate if the speaker is a computer fan (**Es aficionado/a**) or someone who is afraid of computers (**Tiene fobia**).

	ES AFICIONADO/A.	TIENE FOBIA.
1.	☐	☐
2.	☐	☐
3.	☐	☐
4.	☐	☐
5.	☐	☐
6.	☐	☐
7.	☐	☐
8.	☐	☐

Paso 2 Now listen to the statements from **Paso 1** again and indicate if you agree with the speaker (**A mí sí/también**) or not (**A mí no/tampoco**). Are you a fan of computers?

1. ☐ A mí también.

    ☐ A mí no.

2. ☐ A mí también.

    ☐ A mí no.

3. ☐ A mí sí.

    ☐ A mí tampoco.

4. ☐ A mí también.

    ☐ A mí no.

5. ☐ A mí también.

    ☐ A mí no.

6. ☐ A mí sí.

    ☐ A mí tampoco.

7. ☐ A mí también.

    ☐ A mí no.

8. ☐ A mí sí.

    ☐ A mí tampoco.

  Go to page 153 to complete ¡Acción! 2.

SEGUNDA PARTE

Vocabulario

Mi celular   **Electronic Devices**

Actividad A Los aparatos electrónicos

Paso 1 Indica si cada aparato electrónico que oyes es normalmente fijo o portátil.

	FIJO/A	PORTÁTIL
1.	☐	☐
2.	☐	☐
3.	☐	☐
4.	☐	☐
5.	☐	☐
6.	☐	☐
7.	☐	☐
8.	☐	☐

Paso 2 Ahora escucha la lista de aparatos del **Paso 1** otra vez y empareja cada uno con la palabra o frase correspondiente de la lista.

1. _____
2. _____
3. _____
4. _____
5. _____
6. _____
7. _____
8. _____

a. los números
b. los mensajes
c. las películas
d. las direcciones
e. los documentos urgentes
f. la música
g. las fotos
h. el archivo electrónico

Actividad B Un mundo electrónico

Empareja las actividades y los accesorios con el aparato correspondiente. ¡OJO! Algunos se asocian con más de un aparato.

	EL TELEVISOR	EL TELÉFONO	EL ESTÉREO
1. el reproductor de CD	☐	☐	☐
2. el celular	☐	☐	☐
3. el juego electrónico	☐	☐	☐
4. el vídeo	☐	☐	☐
5. la máquina fax	☐	☐	☐
6. el mando a distancia	☐	☐	☐
7. hacer *zapping*	☐	☐	☐

Actividad C ¿Funciona o no?

Indica si el aparato descrito funciona o no.

	FUNCIONA.	NO FUNCIONA.
1. Enciendes la computadora y la pantalla te pide la contraseña.	☐	☐
2. En el estéreo portátil se saltan (*skip*) algunas partes de las canciones.	☐	☐
3. La máquina fax no está conectada al teléfono.	☐	☐
4. Estás trabajando en la computadora y el programa se congela.	☐	☐
5. No puedes cambiar de canal con el mando a distancia.	☐	☐
6. Grabas un programa en la television con el reproductor de vídeo.	☐	☐
7. Marcas un número en el celular, pero ese número está comunicado (*busy*).	☐	☐
8. La calculadora te dice que dos más dos son cinco.	☐	☐

Go to page 154 to complete ¡Acción! 3.

Gramática

Me conozco bien.

True Reflexive Constructions

Actividad D ¿Independiente o no?

Listen to each sentence and indicate whether it refers to something adults do to babies (**los bebés**) or to themselves (**los adultos**).

	LOS BEBÉS	LOS ADULTOS
1.	☐	☐
2.	☐	☐
3.	☐	☐
4.	☐	☐
5.	☐	☐
6.	☐	☐
7.	☐	☐
8.	☐	☐

Actividad E Problemas y soluciones

Match each problem with the most appropriate solution.

EL PROBLEMA

1. _____ Tienes que recordarte de una cita importante.

2. _____ Carlos Enrique necesita mandar una solicitud con una foto suya.

3. _____ Roberto tiene que entregarle la composición al profesor, pero está en cama con fiebre (*fever*).

4. _____ Paula ha escrito (*has written*) diez páginas de un trabajo en la sala de computadoras, pero no tiene disquete para guardarlo.

5. _____ Patty quiere mandarle a su familia en Venezuela una foto de su casa.

6. _____ Tienes que recordarle a tu compañero de casa de pagar una cuenta.

LA SOLUCIÓN

a. Le saca una foto con la cámara digital.

b. Le escribes un mensaje.

c. Se saca una foto con la cámara digital.

d. Se manda el documento por correo electrónico.

e. Le manda el documento por correo electrónico.

f. Te escribes un mensaje.

Go to page 155 to complete ¡Acción! 4.

TERCERA PARTE

Vocabulario

Mi niñez y juventud

Actividad A ¿Cómo se portan?

Escucha las descripciones e indica si los niños se portan bien o mal.

	SE PORTAN BIEN.	SE PORTAN MAL.
1.	☐	☐
2.	☐	☐
3.	☐	☐
4.	☐	☐
5.	☐	☐
6.	☐	☐
7.	☐	☐
8.	☐	☐

Actividad B ¿Niños sedentarios (*inactive*)?

Indica si la actividad es sedentaria o activa.

		SEDENTARIA	ACTIVA
1.	jugar a los videojuegos	☐	☐
2.	pelearse con los hermanos	☐	☐
3.	subirse a los árboles	☐	☐
4.	colorear	☐	☐
5.	soñar con jugar al basquetbol	☐	☐
6.	leer las tiras cómicas	☐	☐
7.	jugar al escondite	☐	☐

Actividad C En los cuentos de hadas (*fairy tales*)

Indica el adjetivo que mejor describe al personaje.

1. Ricitos de Oro (*Goldilocks*) es...

   a. imaginativa.   **b.** traviesa.   **c.** adaptable.

2. Caperucita Roja (*Little Red Riding Hood*) no es...

   a. precavida.   **b.** impaciente.   **c.** torpe.

3. Pinocchio es...

   a. obediente.   **b.** mentiroso.   **c.** cabezón.

4. La Cenicienta (*Cinderella*) es...

   a. torpe.   **b.** traviesa.   **c.** obediente.

5. Hansel y Gretel son...

   a. imaginativos.   **b.** enamorados.   **c.** traviesos.

6. Alladin es...

   a. travieso.   **b.** cabezón.   **c.** precavido.

 Go to page 156 to complete ¡**Acción! 5.**

Gramática

¿En qué trabajabas?

Introduction to the Imperfect Tense

Actividad D ¿Qué hacía?

An eighty-year-old man describes his childhood. Indicate if what he says is a lie (**mentira**) or if it's possibly true (**posible**).

	MENTIRA	POSIBLE
1. Me burlaba de (*I made fun of*) las niñas para hacerlas llorar (*cry*).	☐	☐
2. Hacía novillos con los maestros.	☐	☐
3. Escribía la tarea en la computadora.	☐	☐
4. Me encantaba jugar al escondite.	☐	☐
5. Coloreaba encima de los cuadros de Picasso.	☐	☐
6. Salía con Britney Spears.	☐	☐
7. Hacía de (*I worked as*) niñero.	☐	☐
8. Iba al cine con amigos.	☐	☐

Actividad E ¡Es mucho más fácil!

Match each electronic device with the problem or situation that it solves or changes.

Antes de comprarme...

1. _____ la agenda electrónica...

2. _____ la cámara digital...

3. _____ el contestador automático...

4. _____ los videojuegos...

5. _____ el mando a distancia...

6. _____ la máquina fax...

7. _____ la computadora...

8. _____ el teléfono celular...

a. me levantaba con frecuencia.
b. no recibía mensajes.
c. no recordaba las citas.
d. escribía a máquina (on a typewriter).
e. jugaba a las cartas.
f. usaba los teléfonos públicos.
g. gastaba mucho dinero en revelar las películas (developing film).
h. mandaba los documentos por correo.

Actividad F ¿Cómo era y cómo es hoy?

Listen to a woman describe what she was like and what she used to do as a child compared to now. Then indicate whether the statements below are true or false, based on what she says.

	CIERTO	FALSO
1. Era torpe.	☐	☐
2. Es físicamente activa.	☐	☐
3. Es sedentaria.	☐	☐
4. Era obediente.	☐	☐
5. Es imaginativa.	☐	☐
6. Usa muchos aparatos.	☐	☐
7. Es rebelde (rebellious).	☐	☐
8. Era traviesa.	☐	☐

 Go to page 156 to complete ¡Acción! 6.

¡A escuchar!

Antes de escuchar

Paso 1   Roberto y Marisela hablan del **Episodio 5**. ¿Qué crees que piensan de Carlos?

☐ Marisela tiene una opinión negativa de Carlos.

☐ Roberto tiene una opinión negativa de Carlos.

☐ Tanto Marisela como Roberto tiene una opinión negativa de Carlos.

☐ Tanto Marisela como Roberto tiene una opinión positiva de Carlos.

Paso 2 Estudia las siguientes palabras antes de escuchar la conversación entre Roberto y Marisela.

abrirse	to open up
encargarse	to be in charge
contratar	to hire
suficiente	enough
el resentimiento	resentment

A escuchar

Ahora escucha la conversación.

Después de escuchar

Paso 1 Averigua tu respuesta para **Antes de escuchar, Paso 1,** en la clave de respuestas.

Paso 2 Contesta las siguientes preguntas basándote en la conversación entre Roberto y Marisela.

1. Roberto piensa que a María no le gusta Jaime.

    ☐ cierto

    ☐ falso

2. La actitud de Marisela hacia (*toward*) Jaime ha cambiado (*has changed*).

    ☐ cierto

    ☐ falso

3. Según Roberto, Carlos tuvo que encargarse de la viña porque...

    ☐ su madre se lo pidió.

    ☐ no había otra persona para hacer el trabajo.

    ☐ sus padres trabajaron mucho.

4. Roberto piensa que es buena idea contratar a un administrador.

    ☐ cierto

    ☐ falso

Estrategia

It is important to remember that understanding Spanish does not involve a word-for-word translation into English. In this lesson you have learned more about verbs like **gustar.** In contrast to English, the Spanish **gustar** construction is normally *verb + subject:* **Me** *caen* (*verb*) **mal las** *personas* (*subject*) **arrogantes.** Keeping this in mind will help you follow a conversation in Spanish when these verbs are used.

(continued)

Paso 3 Escucha la conversación entre Roberto y Marisela otra vez, en la que usan verbos como **gustar** para expresar una reacción o una opinión de los personajes de *Sol y viento*. Mientras escuchas la conversación, completa las siguientes opiniones y observaciones de Roberto y Marisela sobre María, Jaime y Carlos.

MODELO: a Marisela (la actitud de María) → A Marisela le encanta la actitud de María.

1. a María (Jaime)

   _____

2. a Carlos (la viña)

   _____

3. a María y Jaime (saber más del otro)

   _____

4. a Marisela (Carlos)

   _____

5. a Carlos (su trabajo)

   _____

Paso 4 Ahora escribe tres o cuatro oraciones para explicar si estás de acuerdo con Roberto o con Marisela en cuanto al personaje de Carlos.

   _____
   _____
   _____
   _____
   _____
   _____

 # ¡Acción!

¡Acción! 1   ¿Te ayuda? (*Does it help you?*)

Explica en una o dos oraciones si las siguientes actividades relacionadas con las computadoras te ayudan a aprender el español o no.

MODELO: leer el periódico de un país hispanohablante →
Leer el periódico me ayuda a aprender más vocabulario y a saber más de otro país.

1. descargar la música en español

_____

_____

2. comunicarme con los compañeros de la clase de español por correo electrónico

_____

_____

3. intercambiar mensajes en el Internet con alguien de un país de habla española

_____

_____

4. escribir mis tareas en un programa que tiene diccionario de español

_____

_____

5. buscar enlaces interesantes a las páginas Web en español

_____

_____

6. participar en una sala de chat en español

_____

_____

¡Acción! 2   ¿Qué te interesa en la red?

Usa las siguientes expresiones en dos oraciones completas para describir y explicar los tipos de página Web que te interesan o no.

encantar	importar
fascinar	interesar
gustar	molestar

(continued)

las noticias →
        Me importa saber lo que pasa en el mundo. Me gusta leer las noticias (*news*). (No me interesan las noticias. Me molesta leer cosas negativas.)

1. los deportes

_____

2. los pasatiempos (*hobbies*)

_____

3. los rompecabezas (*puzzles*) y otros juegos

_____

4. las compras

_____

5. las tiras cómicas y los chistes

_____

6. otro _____

_____

¡Acción! 3 ¿Ayuda o molesta?

Escribe una oración que describe cómo cada uno de los siguientes aparatos electrónicos pueden ser útiles o una molestia (*nuisance*).

    MODELO: el estéreo →
        Uno puede relajarse (*relax*) con la música del estéreo, pero el estéreo puede molestar cuando el volumen está demasiado alto.

1. el celular

_____

_____

2. el contestador automático

_____

_____

3. el mando a distancia

_____

_____

4. los juegos electrónicos

_____

_____

5. el televisor

_____

_____

6. la videocámara

_____

_____

¡Acción! 4 ¿Quién te conoce?

Paso 1 ¿Te conoces bien? Contesta las siguientes preguntas sobre tu comportamiento. Escribe oraciones completas.

1. ¿A qué actividades te dedicas?

_____

2. ¿En qué situaciones te pones límites?

_____

3. ¿En qué situaciones o con quién te expresas bien?

_____

4. ¿En qué momentos te hablas a ti mismo/a?

_____

5. ¿Cuándo y cómo te diviertes?

_____

6. ¿Qué tipo de persona te imaginas que eres?

_____

Paso 2 ¿Los demás te conocen bien? ¿Hay otra persona que podría (*could*) contestar las preguntas del **Paso 1** para ti? Contesta la pregunta a continuación.

MODELOS: ¿Quiénes te conocen bien? →
Nadie me conoce realmente. (Mis padres me conocen muy bien.)

¿Quiénes te conocen bien?

_____

¡Acción! 5 Las emociones de la niñez

Paso 1 Escribe una oración completa que describe las emociones que asocias o asociabas de niño/a con las siguientes frases. Explica por qué.

> MODELO: sacar la licencia de conducir →
> Sacar la licencia de conducir causa muchas tensiones porque es muy importante, pero también muy difícil.

1. leer las tiras cómicas

   _____

   _____

2. enamorarse

   _____

   _____

3. pelearse con otros niños

   _____

   _____

4. comerse las uñas

   _____

   _____

5. colorear

   _____

   _____

Paso 2 En general, ¿con qué emociones asocias tu niñez?

_____

_____

¡Acción! 6 De niño/a

Habla con un pariente o amigo/a mayor que tú y hazle preguntas sobre lo que él/ella hacía de niño/a. Luego, escribe un párrafo de veinticinco a cincuenta palabras para describir la niñez y juventud de esa persona. (Si prefieres, puedes describir tu propia [your own] niñez o juventud.)

_____

_____

_____

_____

_____

_____

Érase una vez...

OBJETIVOS

IN THIS LESSON, YOU WILL CONTINUE TO PRACTICE:

- expressing years, decades, and centuries

- using the preterite and the imperfect together to narrate events

- talking about important historical events

- talking about important personal events

Vocabulario

✳

En 1972...   **Numbers 1,000 and Higher**

Actividad A   ¿En qué orden?

▲ Apunta los números que oyes y luego ponlos en orden, del menor al mayor. Vas a oír cada número dos veces.

	NÚMERO	ORDEN
1.	_____	____
2.	_____	____
3.	_____	____
4.	_____	____
5.	_____	____
6.	_____	____
7.	_____	____
8.	_____	____

Actividad B   ¿En qué siglo?

Primero, escribe cada año en números. Luego, empareja el año con el siglo correspondiente. El primero ya está hecho (*is done*) para ti.

1. __b__ mil ochocientos setenta y tres: ___1873___
2. ____ mil diez: _____
3. ____ mil seiscientos veintitrés: _____
4. ____ mil doscientos ochenta y seis: _____
5. ____ mil trescientos doce: _____
6. ____ dos mil cincuenta y dos: _____
7. ____ mil cuatrocientos noventa y dos: _____
8. ____ mil setecientos setenta y seis: _____

a. XIII (trece)
b. XIX (diecinueve)
c. XXI (veintiuno)
d. XVIII (dieciocho)
e. XV (quince)
f. XI (once)
g. XIV (catorce)
h. XVII (diecisiete)

Go to page 167 to complete **¡Acción! 1.**

Gramática

¿Qué hacías cuando te llamé?

Contrasting the Preterite and Imperfect

Actividad C ¿Quién pregunta?

Match each person with an appropriate question.

1. _____ el detective
2. _____ el instructor
3. _____ el policía
4. _____ el médico (*doctor*)
5. _____ el jefe (*boss*)
6. _____ el novio

a. ¿Cómo te sentías cuando decidiste tomar esa medicina?
b. ¿Dónde estabas cuando sonó la campana (*the bell rang*)?
c. ¿En qué pensaba Ud. cuando escribió este informe (*report*)?
d. ¿Dónde estabas anoche cuando te llamé?
e. ¿Qué dijo el hombre mientras sacaba el revólver?
f. ¿Sabe Ud. a qué velocidad (*speed*) iba cuando me pasó?

Actividad D ¿Qué pasó?

Circle the best option to finish each sentence that you hear. You will hear each sentence twice.

1. a. cuando tomé el examen.
   b. el día que me gradué.
   c. cuando vi el accidente.

2. a. cuando conocí a mi novia.
   b. cuando fui al gimnasio.
   c. cuando asistí a mi primera clase de español.

3. a. cuando me gradué de la universidad.
   b. cuando entré en la escuela primaria (*elementary*).
   c. cuando saqué la licencia de conducir.

4. a. cuando supe (*I found out*) de la guerra (*war*).
   b. cuando terminé el examen.
   c. cuando llegué al aeropuerto.

5. a. cuando me dormí
   b. cuando me acosté.
   c. cuando me despertó el teléfono.

6. a. cuando me senté a tomar un café.
   b. cuando recordé que tenía un examen.
   c. cuando perdí el avión.

Actividad E ¿Dónde estaba?

Match the phrase that would logically complete each sentence.

1. _____ La madre todavía preparaba la cena cuando...

2. _____ Los estudiantes todavía hacían sus exámenes cuando...

3. _____ Antonio todavía levantaba pesas cuando...

4. _____ Laura no oyó el teléfono porque...

5. _____ El ladrón (*thief*) entró y salió con las joyas (*jewelry*) mientras...

6. _____ El equipo perdió el partido que...

7. _____ José Luis quitó la mesa mientras...

8. _____ Los niños veían su programa de televisión favorito cuando...

a. todavía pasaba la aspiradora.
b. se apagaron las luces y el televisor.
c. tenía que ganar para entrar en el campeonato.
d. la familia tomaba el postre y un café en la sala.
e. el profesor dijo que ya era hora de entregárselos.
f. cerraron el gimnasio.
g. los hijos llegaron a casa para comer.
h. el perro dormía sin oír nada.

 Go to page 167 to complete ¡Acción! 2.

SEGUNDA PARTE

Vocabulario

Durante la guerra...   **Important Events and Occurrences**

Actividad A ¡Busca el intruso!

Indica la palabra que *no* se asocia con la primera palabra.

1. la guerra

   a. la revolución   b. invadir   c. el terremoto

2. las inundaciones

   a. la lluvia (*rain*)   b. la invasión   c. el agua

3. el huracán

   a. el terremoto   b. la lluvia   c. el viento

4. la depresión económica

   a. el dinero   b. las fiestas   c. la pobreza (*poverty*)

5. la exploración

    a. descubrir   **b.** la llegada   **c.** la revolución

6. la independencia

    a. celebrar   **b.** la revolución   **c.** el descubrimiento

Actividad B Asociaciones

Escucha cada palabra o frase e indica las palabras o expresiones correspondientes.

1. _____

2. _____

3. _____

4. _____

5. _____

6. _____

7. _____

8. _____

    a. la falla (*fault*) de San Andreas
    b. los pasaportes
    c. el espacio y el sistema solar
    d. la Bolsa de valores (*stock market*)
    e. Andrew, Mitch, Hugo
    f. 1776
    g. civil
    h. el río (*river*) Misisipí, el río Nilo

Actividad C Y todo cambió

Lee cada oración y emparéjala con el evento correspondiente.

1. _____ El presidente caminaba con su guardaespaldas (*bodyguard*) cuando un hombre le disparó (*shot*).

2. _____ Todo iba muy bien cuando los precios subieron hasta el cielo (*climbed sky-high*).

3. _____ La gente dormía cuando todo empezó a temblar (*tremble*).

4. _____ El primer ministro se reunía con unos senadores cuando entraron los militares y tomaron el poder (*power*).

5. _____ El cacique (*chief*) indígena reinaba (*ruled*) sobre su gente cuando llegaron los europeos e impusieron (*imposed*) un nuevo régimen.

6. _____ El cielo se puso (*became*) negro, empezó a llover muchísimo y un viento muy fuerte destruyó (*destroyed*) los árboles.

7. _____ La gente que vivía en la colonia decidió luchar (*to fight*) por su independencia.

    a. un golpe de estado (*military coup*)
    b. un terremoto
    c. una revolución
    d. un asesinato (*assassination*)
    e. una conquista
    f. un huracán
    g. una crisis económica

 Go to page 168 to complete **¡Acción! 3.**

Gramática

¡No lo sabía!

More on Using the Preterite and Imperfect

  Actividad D ¿Qué pasó?

Indicate if the sentences you hear describe actions that have been completed (**realizada**), not completed (**no realizada**), or if it is unknown whether the action was completed or not (**No se sabe**).

	REALIZADA	NO REALIZADA	NO SE SABE.
1.	☐	☐	☐
2.	☐	☐	☐
3.	☐	☐	☐
4.	☐	☐	☐
5.	☐	☐	☐
6.	☐	☐	☐
7.	☐	☐	☐
8.	☐	☐	☐

Actividad E Ya lo conocía

Select the option that best completes each statement.

1. Anoche me presentaron (*they introduced*) a Jason. Así es como...

   a. lo conocía.   **b.** lo conocí.

2. Fue Cristina quien le dijo a Marisela que Alicia y David se separaron. Hasta ese momento, Marisela...

   a. no lo sabía.   **b.** no lo supo.

3. Te llamamos varias veces, pero no contestaste. Así que...

   a. no podíamos conseguirte.   **b.** no pudimos conseguirte.

4. José era muy buen amigo mío. Así que ya...

   a. lo conocía bastante bien.   **b.** lo conocí en la fiesta.

5. Sergio estudió y enseñó filosofía durante muchos años. Me imagino que...

   a. sabía algo de Aristóteles.   **b.** supo algo de Aristóteles.

6. Tomé un curso de tejer (*weaving*) porque...

   a. quería aprender algo nuevo.   **b.** quise aprender algo nuevo.

Actividad F Claudia

Listen to what Claudia (a university student) says, then indicate the corresponding sentence. You will hear each of Claudia's statements twice.

1. ☐ Claudia no quería trabajar con David.

   ☐ Claudia no quiso trabajar con David.

2. ☐ Lo conocía bien.

   ☐ Lo conoció hace poco tiempo.

3. ☐ Ya sabía del divorcio de Javier.

   ☐ Supo del divorcio de Javier.

4. ☐ Pudo terminarlo.

   ☐ Podía terminarlo.

5. ☐ Quería ir al cine.

   ☐ Quiso ir al cine.

6. ☐ Conoció Buenos Aires en ese viaje.

   ☐ Ya conocía Buenos Aires.

Go to page 168 to complete ¡Acción! 4.

TERCERA PARTE

Vocabulario

Me gradué en 2000.

Personal Events, Triumphs, and Failures

Actividad A Los eventos importantes

Lee cada oración y emparéjala con el evento correspondiente.

1. _____ Les compré una cafetera y toallas de cocina.

2. _____ Les compré ropa de bebé.

3. _____ Le envié una tarjeta de simpatía.

4. _____ Les regalé un adorno (*decoration*) para la casa nueva.

5. _____ La invité a cenar para conocer a gente nueva.

6. _____ Le compramos una pluma elegante y un reloj.

a. la muerte del esposo de Luisa
b. la graduación de Marcos
c. el nacimiento del primer hijo de Carla y Ramón
d. el divorcio de Rosa
e. la boda de Ángela y Pedro
f. la mudanza de Olga y Andrés

Actividad B   Opuestos

Escucha cada palabra y emparéjala con la palabra opuesta.

1. _____
2. _____
3. _____
4. _____
5. _____
6. _____
7. _____
8. _____

   a. morir
   b. quedarse
   c. tumultuoso
   d. divorciarse
   e. perder
   f. alegre
   g. fracasar
   h. pasarlo mal

Go to page 169 to complete ¡Acción! 5.

Gramática

Tenía 30 años cuando nació mi primer hijo.

 Summary of the Preterite and Imperfect

Actividad C   ¿Te interrumpen?

Indicate whether the interrupting action in each sentence is a help (**ayuda**) or a distraction (**distracción**).

	AYUDA	DISTRACCIÓN
1. Escribías un trabajo (*paper*) cuando tu compañero/a de cuarto encendió la televisión.	☐	☐
2. Un joven conducía cuando recibió una llamada en el celular.	☐	☐
3. Un estudiante trabajaba en la computadora cuando el programa corrigió (*corrected*) la gramática en su última oración.	☐	☐
4. Un joven conducía cuando vio que el semáforo (*traffic light*) cambiaba a rojo.	☐	☐
5. Un estudiante escribía en la computadora cuando se abrió un anuncio «*pop-up*» en la pantalla.	☐	☐
6. Escribías un trabajo cuando se te ocurrió una buena conclusión.	☐	☐
7. Hacías tus planes de boda cuando recibiste un regalo de mil dólares de tus tíos.	☐	☐
8. Trabajabas en un proyecto importante cuando tu amigo te llamó para charlar de sus vacaciones.	☐	☐

Actividad D ¿Qué pasó?

Match each situation that you hear with the corresponding event.

1. _____   **a.** la muerte
                  b. el cumpleaños
2. _____   **c.** la mudanza
                  d. la boda
3. _____   **e.** el nacimiento
                  f. la graduación
4. _____

5. _____

6. _____

Go to page 169 to complete **¡Acción! 6.**

Para escribir

Antes de escribir

Paso 1 Para esta actividad, vas a escribir una breve narración sobre los eventos del día perfecto desde el punto de vista (*point of view*) de María o Jaime. Para comenzar, indica quién de los dos diría (*would say*) las siguientes oraciones. **¡OJO!** En algunos casos puede ser los dos. (Los espacios en blanco son para el **Paso 2**.)

		JAIME	MARÍA
1. _____	La esperaba (*I waited*) en la entrada (*entrance*) del funicular.	☐	☐
2. _____	Leía un artículo con mi foto cuando llegué.	☐	☐
3. _____	¡Me besó (*kissed*)!	☐	☐
4. _____	Se me olvidó (*I forgot*) por completo mi cita con Diego.	☐	☐
5. _____	Pensé que tenía otro novio (*boyfriend*).	☐	☐
6. _____	Tomamos una copa de vino y hablamos un poco de mi familia.	☐	☐
7. _____	Lo pasábamos muy bien cuando llamó Diego.	☐	☐
8. _____	Tuvo que salir.	☐	☐
9. _____	Fue un día perfecto.	☐	☐
10. _____	Su trabajo me parecía muy interesante.	☐	☐
11. _____	Mientras subíamos en el funicular hablábamos de su trabajo y del mío.	☐	☐

Paso 2 Ahora decide si vas a narrar los eventos del día desde la perspectiva de Jaime o María y pon los eventos del **Paso 1** en orden cronológico. Escribe los números en los espacios en blanco del **Paso 1.**

(*continued*)

A escribir

Paso 1 Usa los eventos del **Paso 1** de **Antes de escribir** para escribir un borrador en una hoja de papel aparte. Puedes utilizar las oraciones del personaje que *no* elegiste para dar más información, pero recuerda que vas a tener que cambiar algunos pronombres y verbos. Las palabras y expresiones a continuación te pueden ser útiles.

de repente	suddenly
desafortunadamente	unfortunately
después	afterwards
después de + (*noun/infinitive*)	after + (*noun/infinitive*)
entonces	then
luego	then
más tarde	later
pero	but
por fin	finally
y	and

Paso 2 Repasa bien lo que has escrito. ¿Quieres agregar (*to add*) palabras, expresiones u oraciones para hacer la narración más interesante?

Paso 3 Intercambia tu composición con la de un compañero (una compañera) de clase. Mientras lees su composición, revisa los siguientes puntos.

☐ el significado y el sentido en general

☐ la concordancia entre sustantivo y adjetivo

☐ la concordancia entre sujeto y verbo

☐ la ortografía

Al entregar la composición

Usa los comentarios de tu compañero/a de clase para escribir una versión final de tu composición. Repasa los siguientes puntos sobre el lenguaje y luego entrega la composición a tu profesor(a).

☐ el uso del pretérito y del imperfecto

☐ la forma correcta de los pronombres

 # ¡Acción!

¡Acción! 1 ¿Cuántos hay?

Contesta cada pregunta con una oración completa. Escribe el número correcto en palabras.

> MODELO: ¿Cuántos minutos hay en veinticuatro horas? → Hay mil cuatrocientos cuarenta
> minutos en veinticuatro horas.

1. ¿Cuántos segundos hay en una hora?

   _____

2. ¿Cuántas pulgadas (*inches*) hay en doscientos pies (*feet*)?

   _____

3. ¿Cuántos años hay en un milenio?

   _____

4. ¿Cuántos minutos hay en una semana?

   _____

5. ¿Cuántos milímetros hay en dos metros y medio?

   _____

6. ¿Cuántos huevos hay en dos mil docenas (*dozen*)?

   _____

¡Acción! 2 ¿Le puedo hacer una pregunta?

Escribe preguntas para seis personas históricas para saber qué pasaba cuando hicieron algo importante.

> MODELO: Colón → ¿Adónde iba Ud. cuando llegó a América?

1. _____

2. _____

3. _____

4. _____

5. _____

6. _____

¡Acción! 3   La época actual (*current*)

En tu opinión, ¿qué eventos actuales puedes describir con los siguientes adjetivos? Escribe una oración completa con el adjetivo dado (*given*).

MODELO: difícil → Es una época difícil por los problemas del medio ambiente.

1. emocionante

   _____

2. estable

   _____

3. feliz

   _____

4. oscuro

   _____

5. pacífico

   _____

6. tumultuoso

   _____

¡Acción! 4   En esta clase

Contesta las siguientes preguntas sobre tu clase de español. Escribe oraciones completas.

MODELO: ¿A quién(es) conocías en esta clase? → Yo no conocía a nadie.

1. ¿Cómo conociste al profesor (a la profesora)?

   _____

2. ¿Qué sabías de este curso antes de tomarlo?

   _____

3. ¿Cuánto español sabías antes de este curso?

   _____

4. ¿Qué supiste de este curso el primer día?

   _____

5. ¿Hay algo que no sabías decir en español pero que ahora sí sabes cómo decirlo?

   _____

6. ¿Hay algo que no hiciste para esta clase?

   _____

¡Acción! 5   Una definición personal

Escribe un párrafo de veinticinco a cincuenta palabras para definir lo que es tener éxito en tu vida personal.

_____

_____

_____

_____

_____

¡Acción! 6   El fracaso

Contesta las siguientes preguntas. Escribe oraciones completas.

1. ¿Hay algo que intentaste hacer alguna vez pero que no conseguiste hacer?

    _____

2. ¿Cuántos años tenías cuando ocurrió?

    _____

3. ¿Cómo te sentías al fracasar?

    _____

4. ¿Qué dijeron los demás?

    _____

5. ¿Qué hiciste para recuperarte de ese fracaso?

    _____

6. ¿Aprendiste algo de la experiencia?

    _____

Vamos al extranjero

OBJETIVOS

IN THIS LESSON, YOU WILL CONTINUE TO PRACTICE:

- **talking about taking trips and traveling**

- **giving someone instructions using formal commands**

- **giving and receiving directions**

- **talking about restaurants and ordering food**

- **talking about what has happened using the present perfect**

Vocabulario

Para hacer viajes

 Actividad A El transporte

Indica si cada oración que escuchas es cierta o falsa.

	CIERTO	FALSO
1.	☐	☐
2.	☐	☐
3.	☐	☐
4.	☐	☐
5.	☐	☐
6.	☐	☐
7.	☐	☐
8.	☐	☐

Actividad B ¿En qué orden?

Indica en qué orden (del 1 al 7) sueles hacer los preparativos para un viaje en crucero (*cruise ship*).

_____ Paso por seguridad antes de abordar.

_____ Llego al puerto (*port*).

_____ Pido información en una agencia de viajes.

_____ Hago la reservación con tarjeta de crédito.

_____ Subo al barco.

_____ Hago la maleta.

_____ Busco mi cabina en el barco.

Actividad C El alojamiento

Empareja cada palabra con la definición correspondiente.

1. _____ la cama matrimonial
2. _____ la pensión
3. _____ la propina
4. _____ el huésped
5. _____ la pensión completa
6. _____ la piscina
7. _____ el botones
8. _____ el hotel de lujo

a. un hotel pequeño que incluye en el precio las comidas
b. el dinero que uno da por un buen servicio
c. el empleado de un hotel que lleva las maletas a las habitaciones
d. un tanque de agua donde uno puede nadar
e. un mueble en el cual pueden dormir dos personas
f. un hotel que tiene piscina, servicio de cuarto, un restaurante elegante, gimnasio…
g. una persona que se queda en un hotel
h. un hotel barato en el cual se alojan muchos estudiantes

 Go to page 185 to complete ¡Acción! 1.

Gramática

Vuelva Ud. mañana.

Affirmative Formal Commands

Actividad D El primer viaje

Put the following commands that a travel agent might give a first-time traveler in logical order, from 1 to 8.

_____ Llegue al aeropuerto dos horas antes de la hora de despegue (*takeoff*).

_____ ¡Tenga un buen viaje!

_____ Compre su boleto de avión en la agencia de viajes.

_____ Espere en la sala de espera hasta que anuncien (*until they announce*) su vuelo.

_____ Pase por seguridad.

_____ Haga su maleta la noche antes de salir.

_____ Facture su equipaje con el maletero.

_____ Suba al avión.

Actividad E ¿Ud. o Uds.?

Listen to each situation and indicate the correct command. You will hear each situation twice.

> MODELO: (you hear) Tus amigos quieren un boleto.
> (you see) □ Búsquelo en el Internet. □ Búsquenlo en el Internet.
> (you choose) Búsquenlo en el Internet.

1. □ Hagan cola en el mostrador (at the counter). □ Haga cola en el mostrador.

2. □ Páguele al agente de viajes. □ Páguenle al agente de viajes.

3. □ Vayan a pasar por seguridad. □ Vaya a pasar por seguridad.

4. □ Duerma durante el vuelo. □ Duerman durante el vuelo.

5. □ Pasen por la aduana. □ Pase por la aduana.

6. □ Facturen el equipaje. □ Facture el equipaje.

7. □ Comience a subir al avión. □ Comiencen a subir al avión.

8. □ Sea puntual. □ Sean puntuales.

Actividad F Situaciones

Read each traveler's statement and match him or her with the corresponding piece of advice.

1. _____ No quiero llevar mucha ropa porque sólo voy por dos días.

2. _____ Quiero bañarme en un jacuzzi después del vuelo.

3. _____ Se me descompuso (broke down) mi auto en la carretera (highway).

4. _____ Acabo de bajar del (I just got off the) avión en Francia y no sé qué hacer.

5. _____ Estoy en el avión y hay mucha turbulencia.

6. _____ Estoy en el hotel. Es medianoche y tengo hambre.

a. Llame a alguien con su teléfono celular.
b. Quédese en su asiento.
c. Pida servicio de cuarto.
d. Haga una sola maleta.
e. Quédese en un hotel de lujo.
f. Pase por la aduana.

Go to page 185 to complete ¡Acción! 2.

SEGUNDA PARTE

Vocabulario

¿Cómo llego?

Giving and Receiving Directions

Actividad A Direcciones

Indica si cada oración es cierta o falsa.

	CIERTO	FALSO
1. No es importante mirar antes de cruzar la calle.	☐	☐
2. España está al norte de África.	☐	☐
3. Si alguien te dice: «Hay tres manzanas desde aquí» quiere decir que hay tres cuadras desde aquí a tu destino.	☐	☐
4. Un plano es un mapa de un país.	☐	☐
5. Si manejas (*you drive*) hacia el sur y doblas a la derecha, ahora vas hacia el este.	☐	☐
6. Si el semáforo (*traffic light*) está en verde, uno puede seguir derecho.	☐	☐

Actividad B ¿Es lógico o no?

Escucha las oraciones e indica si cada una es lógica o no.

VOCABULARIO ÚTIL

dar la vuelta a   to go around
el semáforo   traffic light

	LÓGICO	ILÓGICO
1.	☐	☐
2.	☐	☐
3.	☐	☐
4.	☐	☐
5.	☐	☐
6.	☐	☐

Actividad C ¿Cómo se llega?

Escucha las direcciones para llegar a un destino (*destination*) e indica el plano correspondiente. Comienza en la «X».

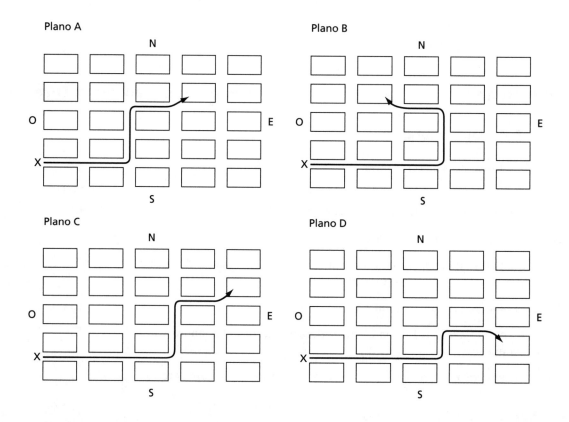

 Go to page 186 to complete ¡Acción! 3.

Gramática

~~~~~~ ✳

¡No vuelvan tarde!   Negative Formal Commands

🎧 **Actividad D** ¿La maestra (*teacher*) o la madre?

Indicate whether the command you hear is more likely given to children by a teacher (**maestra**) or by their mother (**madre**).

VOCABULARIO ÚTIL

olvidarse de + *infin.*   to forget to (*do something*)

	MAESTRA	MADRE
1.	☐	☐
2.	☐	☐
3.	☐	☐
4.	☐	☐
5.	☐	☐
6.	☐	☐
7.	☐	☐

Actividad E ¿Conductor o ciclista?

Read the list of instructions and indicate if they are directed to a cyclist (**ciclista**), a driver (**conductor**), or both (**los dos**).

		CICLISTA	CONDUCTOR	LOS DOS
1.	No se olvide de ponerse el casco (*helmet*).	☐	☐	☐
2.	No hable por teléfono celular mientras va a su destino.	☐	☐	☐
3.	No le abroche (*fasten*) el cinturón de seguridad (*seat belt*) a un niño menor de dos años. Siéntelo en un asiento de bebé.	☐	☐	☐
4.	No se suba a las aceras (*sidewalks*): son para los peatones (*pedestrians*).	☐	☐	☐
5.	No viaje por las carreteras (*highways*).	☐	☐	☐
6.	No se meta en (*get in*) el carril (*lane*) para ciclistas.	☐	☐	☐

Actividad F En la carretera

Match each situation with the corresponding piece of advice.

1. _____ una persona que va a una fiesta donde sirven muchas bebidas alcohólicas

2. _____ alguien que maneja (*drives*) cuando las calles están mojadas (*wet*)

3. _____ una persona que suele recibir multas (*fines*) porque maneja rápido

4. _____ alguien que tiene accidentes porque maneja distraído (*distracted*)

5. _____ una persona que va a hacer un viaje muy largo en auto

6. _____ una persona impaciente que maneja detrás de (*behind*) otro auto y hay mucho tráfico en el sentido contrario (*oncoming*)

a. No pase por alto (*ignore*) las señales (*signs*) que indican la velocidad máxima.
b. No lo rebase (*pass*).
c. No se olvide de revisar (*check*) el aceite (*oil*) y las llantas (*tires*).
d. No aplique los frenos (*brakes*) rápidamente.
e. No maneje si va a tomar cerveza.
f. No coma ni hable por teléfono mientras maneja.

Go to page 186 to complete **¡Acción! 4.**

TERCERA PARTE

Vocabulario

En el restaurante   **Dining Out**

Actividad A ¿Sabes poner (*to set*) la mesa?

Indica si cada oración a continuación es cierta o falsa, según las normas para poner una mesa.

	CIERTO	FALSO
1. La cuchara va a la izquierda del plato.	☐	☐
2. El agua se sirve en una taza.	☐	☐
3. El plato va sobre el tenedor.	☐	☐
4. El vino se sirve en una copa.	☐	☐
5. Los tenedores van debajo de la servilleta.	☐	☐
6. El mantel (*tablecloth*) va encima del vaso.	☐	☐
7. La leche se sirve en un vaso.	☐	☐
8. El menú va entre los cubiertos.	☐	☐

Actividad B Definiciones

Empareja cada palabra con la definición correspondiente.

1. _____ los cubiertos
2. _____ la servilleta
3. _____ el vaso
4. _____ el cocinero
5. _____ la copa
6. _____ el mesero
7. _____ el menú
8. _____ el cuchillo

a. la persona que prepara la comida en un restaurante
b. la persona que atiende a los clientes en un restaurante
c. la cuchara, el tenedor y el cuchillo en una servilleta
d. la lista de platos, postres y bebidas en un restaurante
e. este objeto se usa para tomar agua
f. el utensilio que se usa para cortar la comida
g. se usa para limpiarse la boca (*mouth*) y los dedos (*fingers*)
h. este objeto se usa para tomar vino

Actividad C ¿Mesero o cliente?

Escucha cada afirmación o pregunta e indica si habla un mesero o un cliente.

	MESERO	CLIENTE
1.	☐	☐
2.	☐	☐
3.	☐	☐
4.	☐	☐
5.	☐	☐
6.	☐	☐
7.	☐	☐
8.	☐	☐

Go to page 186 to complete **¡Acción! 5.**

Gramática

¡Lo he pasado muy bien!   Introduction to the Present Perfect

Actividad D   ¿Julio, Enrique o Ricky?

Indicate whether the following statements would most likely be said by Julio Iglesias, Enrique Iglesias, Ricky Martin, or all three.

1. _____ He grabado canciones (*songs*) en inglés.
2. _____ He visto el fin (*end*) de la dictadura de Franco.
3. _____ He vivido en Puerto Rico.
4. _____ Me he casado y divorciado por lo menos (*at least*) una vez.
5. _____ Muchas mujeres han soñado con ser mi novia.
6. _____ Mi padre ha pasado la mayor parte de su vida (*life*) en España.
7. _____ Los periodistas (*Reporters*) han hecho de mi vida privada un asunto (*affair*) público.
8. _____ He cantado con el grupo Menudo.

a. Julio Iglesias
b. Enrique Iglesias
c. Ricky Martin
d. los tres

 Actividad E   ¿Qué han hecho?

Listen to each statement and indicate the pair of stars to which it refers.

1. _____
2. _____
3. _____
4. _____
5. _____
6. _____

a. Tom Cruise y Nicole Kidman
b. Chris Farley y Phil Hartman
c. Martha Stewart y Oprah Winfrey

Actividad F   ¿Qué ha pasado?

For each of the following statements, decide which country's citizens could make these claims.

1. Hemos ganado la Copa Mundial de futból.

   a. los estadounidenses   b. los japoneses   c. los brasileños

2. Hemos perdido mucho territorio y gran parte de nuestra cultura primitiva.

   a. los ingleses   b. los rusos (*Russians*)   c. los indígenas de América

3. Hemos cruzado la frontera (*border*) hacia el norte para trabajar en los Estados Unidos.

   a. los mexicanos   b. los canadienses   c. los rusos

4. Hemos descubierto tierras lejanas (*faraway lands*), como el Nuevo Mundo.

    a. los aztecas   **b.** los españoles   **c.** los africanos

5. Hemos creado formas de gobierno, como la democracia.

    a. los italianos   **b.** los griegos   **c.** los alemanes

6. Hemos inventado varios explosivos, como los fuegos artificiales (*fireworks*).

    a. los chinos   **b.** los portugueses   **c.** los franceses

7. Hemos lanzado (*dropped*) una bomba atómica a otro país.

    a. los japoneses   **b.** los rusos   **c.** los estadounidenses

8. Hemos sido ciudadanos de un imperio.

    a. los costarricenses   **b.** los romanos   **c.** los guatemaltecos

 Go to page 187 to complete **¡Acción! 6.**

¡A escuchar!

Antes de escuchar

Paso 1 Roberto y Marisela hablan de la venta de la viña «Sol y viento». ¿Qué crees que van a pensar de la venta?

☐ Roberto cree que Carlos no va a poder conseguir las firmas y vender.

☐ Tanto Marisela como Roberto piensan que Carlos no va a poder conseguir las firmas.

☐ Marisela piensa que Carlos va a conseguir las firmas y vender.

☐ Roberto cree que Carlos va a conseguir las firmas y vender.

Paso 2 Estudia las siguientes palabras y expresiones nuevas antes de escuchar la conversación.

terca	stubborn
vida	life
no es para tanto	it's not as bad as all that
de acuerdo	in agreement
ampliar	to increase; to extend
ayudar	to help
no tendría	would not have to

A escuchar

Ahora escucha la conversación.

(continued)

Después de escuchar

Paso 1 Averigua tu respuesta para **Antes de escuchar, Paso 1.**

Paso 2 Contesta las siguientes preguntas basándote en la conversación entre Roberto y Marisela.

1. Roberto se refiere a doña Isabel como una persona...

   ☐ práctica.

   ☐ cabezona.

   ☐ orgullosa.

2. Roberto piensa que, al fin y al cabo (*when all's said and done*), María va a firmar.

   ☐ cierto

   ☐ falso

3. Según Roberto, el dinero es un buen incentivo para ponerse de acuerdo la gente.

   ☐ cierto

   ☐ falso

4. Con el dinero de la venta María puede...

   ☐ dejar de trabajar en algo que no le gusta.

   ☐ vivir de lujo en Santiago.

   ☐ ayudar a los indígenas.

Estrategia

In this lesson you have learned about the present perfect. Generally, the use of this tense in Spanish is similar to its use in English, but there are some differences that you should keep in mind. The participle may be omitted in English, but not in Spanish. An example of this rule is provided in the **Enfoque lingüístico** section of your textbook. Another important difference is that in Spanish no words may come between **haber** and the participle. Compare the following sentences.

   *I **have not seen** that movie yet.*   **No he visto** esa película todavía.

Focus your attention on the use of the present perfect in conversation and you will also become familiar with the context in which that structure is used.

 Paso 3 Escucha la conversación entre Roberto y Marisela otra vez. Haz una lista de los verbos en el presente perfecto que oyes. Luego, apunta en la tabla otra información de la oración. **¡OJO!** Algunas oraciones no incluyen el complemento directo o indirecto o el sujeto. La tercera se presenta como modelo.

	PRESENT PERFECT	¿QUÉ? (complemento directo)	¿QUIÉN(ES)? (sujeto)	¿A QUIÉN(ES)? (complemento indirecto)
1.				
2.				
3.	le ha hecho	una buena oferta	Jaime	(a doña Isabel)
4.				
5.				
6.				
7.				

Paso 4   Ahora escribe tres o cuatro oraciones indicando si estás de acuerdo con Roberto o con Marisela en cuanto a la venta de «Sol y viento». ¿Crees que Carlos va a convencer a su familia a vender la viña?

_____

_____

_____

_____

_____

 ¡Acción!

¡Acción! 1 ¿Conoces bien al profesor (a la profesora)?

Contesta las preguntas sobre tu profesor(a). Escribe oraciones completas.

MODELO: ¿En qué clase suele viajar tu profesor(a) cuando viaja en avión? →
La profesora suele viajar en primera clase.

1. ¿En qué tipo de hotel se queda tu profesor(a) cuando viaja?

_____

2. ¿Qué tipo de bebida le pide tu profesor(a) al asistente de vuelo cuando viaja en avión?

_____

3. ¿Qué clase de servicios pide tu profesor(a) cuando se queda en un hotel?

_____

4. ¿Dónde compra su boleto de viaje tu profesor(a).

_____

5. ¿Se marea tu profesor(a) cuando viaja en barco o en camión?

_____

6. ¿Qué hace tu profesor(a) para pasar el tiempo en el aeropuerto antes de subir al avión?

_____

¡Acción! 2 Intercambio de consejos

Paso 1 Escribe tres mandatos para tu profesor(a) para ayudarlo/a (*help him/her*) a llevarse bien con los estudiantes.

1. _____

2. _____

3. _____

Paso 2 Ahora escribe tres mandatos que tu profesor(a) les podría (*could*) dar a los estudiantes para ser mejores estudiantes.

4. _____

5. _____

6. _____

¡Acción! 3   ¿Cómo se llega a tu casa?

En unas cincuenta palabras, escribe direcciones para tu profesor(a) para ir de la universidad a tu casa o de la clase a tu residencia estudiantil.

_____

_____

_____

_____

_____

_____

¡Acción! 4   ¡No haga eso!

Escribe seis mandatos negativos para decirle a tu profesor(a) lo que *no* debe hacer cuando está en un embotellamiento (*traffic jam*).

1. _____
2. _____
3. _____
4. _____
5. _____
6. _____

¡Acción! 5   En un restaurante

Describe seis cosas que hace o no hace un mesero (una mesera) en un restaurante.

MODELOS: Recibe propinas si da buen servicio.
No lava los platos.

1. _____
2. _____
3. _____
4. _____
5. _____
6. _____

¡Acción! 6   El profesor (La profesora) y yo

Paso 1   Escribe tres oraciones sobre lo que has hecho en tu vida que tu profesor(a) probablemente no ha hecho.

MODELO: He concido a una persona famosa, pero el profesor no.

1. _____

2. _____

3. _____

Paso 2   Escribe tres oraciones sobre lo que tu profesor(a) ha hecho que tú no has hecho.

MODELO: La profesora ha vivido en un país de habla española, pero yo no.

4. _____

5. _____

6. _____

6B

La naturaleza y el medio ambiente

OBJETIVOS

IN THIS LESSON, YOU WILL CONTINUE TO PRACTICE:

- **talking about geography and geographical features**

- **giving instructions to someone you address as tú, using informal commands**

- **talking about ecology and the environment**

- **talking about activities to do while on vacation**

- **talking about extremes using superlative expressions**

Vocabulario

¿Cómo es el paisaje?   **Geography and Geographical Features**

Actividad A   Definiciones

Empareja cada palabra con la definición correspondiente.

1. _____ el valle
2. _____ la colina
3. _____ el paisaje
4. _____ la costa
5. _____ la meseta
6. _____ la llanura
7. _____ el mar
8. _____ la cordillera

a. una montaña muy pequeña
b. un terreno (*land*) extenso sin colinas o montañas
c. una llanura elevada
d. una vista panorámica de un sitio geográfico
e. un grupo de montañas
f. donde la tierra y el mar se encuentran
g. el espacio que queda entre dos montañas
h. un cuerpo (*body*) grande de agua

Actividad B   ¿Cuánto sabes de geografía?

Escucha las oraciones sobre la geografía del mundo e indica si cada una es cierta o falsa.

	CIERTO	FALSO
1.	☐	☐
2.	☐	☐
3.	☐	☐
4.	☐	☐
5.	☐	☐
6.	☐	☐
7.	☐	☐
8.	☐	☐

Actividad C Asociaciones

Indica el nombre que mejor se asocia con cada palabra.

1. unas montañas
   a. la Sierra Nevada   b. el Pacífico   c. Casablanca

2. un lago
   a. Mojave   b. Caribe   c. Erie

3. un desierto
   a. la Pampa   b. Kalahari   c. Amazonas

4. un mar
   a. Victoria   b. Báltico   c. Atlántico

5. una playa
   a. Tahoe   b. Gobi   c. Waikiki

6. un río
   a. Missouri   b. Índico   c. Atacama

7. un volcán
   a. St. Helens   b. Pike's Peak   c. Mediterráneo

8. una catarata
   a. Niagara   b. Mississippi   c. Hudson

 Go to page 201 to complete ¡Acción! 1.

Gramática

¡Ten paciencia!   Affirmative Informal Commands

Actividad D En la clase de español

Indicate the correct verb to complete each command.

1. _____ la lección antes de venir a clase.
2. _____ todos los episodios de *Sol y viento*.
3. _____ como voluntario/a para las actividades de la clase.
4. _____ sólo en español, no en inglés.
5. _____ la tarea todos los días (todas las semanas).
6. _____ un país hispano durante las vacaciones.

a. Haz
b. Ofrécete
c. Habla
d. Visita
e. Lee
f. Mira

Actividad E Situaciones

Read the following pieces of advice, then indicate for whom they are most appropriate.

1. Acuéstate más temprano.

   ☐ un amigo que tiene mucha tarea que hacer para mañana

   ☐ un estudiante que suele faltar a su primera clase porque se desvela (*he stays up late*)

2. Come más verduras y frutas.

   ☐ alguien que tiene alergia a las fresas y al bróculi

   ☐ una persona que quiere llevar una vida más sana (*healthy*)

3. ¡Ten cuidado! (*Be careful!*)

   ☐ alguien que quiere practicar el paracaidismo (*skydiving*)

   ☐ un amigo que quiere invitarte a cenar

4. Haz ejercicios todos los días.

   ☐ alguien que es adicto al trotar

   ☐ una persona que quiere bajar de peso (*to lose weight*)

5. ¡Déjame en paz!

   ☐ tu gato, que te despierta a las 5:00 de la mañana todos los sábados

   ☐ un amigo a quien echas de menos (*you miss*) cuando te llama

6. ¡Sal de esta casa!

   ☐ tu compañero/a de cuarto que quemó la cena y le prendió fuego (*set fire*) a la cocina

   ☐ un pariente que está enfermo y que debe guardar cama (*stay in bed*)

Actividad F ¿Mandato o no?

Listen as a student mentions several things a classmate should do to get a good grade on a Spanish exam. Indicate whether what you hear is a command or not.

MODELO: (*you hear*) Habla con el profesor durante las horas de oficina.
(*you mark*) Es mandato.

	ES MANDATO.	NO ES MANDATO.
1.	☐	☐
2.	☐	☐
3.	☐	☐
4.	☐	☐

	ES MANDATO.	NO ES MANDATO.
5.	☐	☐
6.	☐	☐
7.	☐	☐
8.	☐	☐

 Go to page 201 to complete ¡Acción! 2.

SEGUNDA PARTE

Vocabulario

El medio ambiente　　　　　　　　　　**Environmental and Ecological Matters**

Actividad A Más definiciones

Escucha cada definición e indica la palabra o frase correspondiente.

VOCABULARIO ÚTIL

dañosos	harmful
debido a	due to
mundial (*adj.*)	world
tierra	land

1. **a.** el efecto invernadero　　　**b.** la capa de ozono　　　**c.** el reciclaje

2. **a.** contaminar　　　**b.** desperdiciar　　　**c.** echar

3. **a.** construir　　　**b.** proteger　　　**c.** reciclar

4. **a.** los desperdicios　　　**b.** la deforestación　　　**c.** los recursos naturales

5. **a.** descomponer　　　**b.** salvar　　　**c.** construir

6. **a.** el medio ambiente　　　**b.** los combustibles fósiles　　　**c.** el efecto invernadero

Actividad B Causa y efecto

Empareja cada efecto con su causa más lógica.

LOS EFECTOS

1. _____ la contaminación del agua
2. _____ la escasez de combustibles fósiles
3. _____ la deforestación
4. _____ la lluvia ácida
5. _____ las especies en peligro de extinción
6. _____ la falta de recursos naturales

LAS CAUSAS

a. el gran número de coches en circulación
b. el desperdicio de papel
c. la expansión de la urbanización a los campos
d. el uso de pesticidas en los cultivos (*crops*)
e. el aumento (*increase*) de la población mundial
f. el alto nivel (*level*) de monóxido de carbono en el aire

Actividad C Los alimentos biológicos (*organic*)

Lee el siguiente párrafo y llena los espacios en blanco con la palabra apropiada de la lista a la derecha.

Muchas personas han cambiado su dieta y ahora consumen más alimentos biológicos por dos razones principales. Primero, las granjas biológicas[a] no usan _____[1] para controlar los insectos y las hierbas.[b] Tampoco utilizan _____[2] ni otras sustancias químicas para nutrir las plantas. Estos productos _____[3] no sólo el agua y la tierra,[c] sino que también hacen daño[d] al cuerpo humano. En cambio, los granjeros[e] biológicos utilizan productos naturales como el abono,[f] que resulta cuando los elementos naturales _____[4] y se convierten en[g] tierra. En segundo lugar, muchas personas compran alimentos biológicos porque las granjas biológicas ayudan a _____[5] el hábitat natural de los animales al no cortar los árboles. La falta de árboles contribuye a la _____,[6] lo cual hace mucho daño a los animales, sobre todo a las especies en _____.[7]

En fin, muchas personas compran alimentos biológicos porque es una manera de _____[8] y proteger el medio ambiente.

conservar
contaminan
deforestación
peligro de extinción
fertilizantes
pesticidas
proteger
se descomponen

[a]granjas... *organic farms* [b]*weeds* [c]*soil* [d]hacen... *they cause harm* [e]*farmers* [f]*compost* [g]se... *become*

Go to page 201 to complete ¡Acción! 3.

Gramática

¡No me hables!　　　　　　　Negative Informal Commands

Actividad D　**¿Qué conservas?**

Listen to the following commands, then indicate if each command is appropriate for conserving paper, water, or neither.

	PAPEL	AGUA	NINGUNO DE LOS DOS
1.	☐	☐	☐
2.	☐	☐	☐
3.	☐	☐	☐
4.	☐	☐	☐
5.	☐	☐	☐
6.	☐	☐	☐
7.	☐	☐	☐
8.	☐	☐	☐

Actividad E　Los anuncios (*advertisements*)

Read each advertising slogan and indicate the corresponding company.

1. _____ No pierdas más el tiempo.

2. _____ No te frustres con el cabello enredado (*tangled hair*); ¡dale vida!

3. _____ No juegues con tu vida; ¡abróchate el cinturón de seguridad (*buckle up*)!

4. _____ No te conformes con ser como los demás; ¡expresa tu estilo!

5. _____ No te quedes atrás (*fall behind*) en los estudios.

6. _____ ¡No vayas de compras sin ella!

    a. Gap
    b. Ford
    c. American Express
    d. Timex
    e. Kaplan
    f. Suave

Actividad F Una entrevista

Complete each sentence with the correct verb to create a series of instructions for a friend who is going to a job interview.

1. No _____ chicle (*gum*) durante la entrevista.
2. No _____ ropa informal o llamativa (*flashy*).
3. No _____ mal de tus jefes anteriores (*former bosses*).
4. No _____ mentiras en cuanto a tu experiencia.
5. No _____ de dominar la conversación.
6. No _____ de la oficina sin darles las gracias por la entrevista.

a. digas
b. hables
c. trates
d. mastiques (*chew*)
e. salgas
f. te pongas

 Go to page 202 to complete **¡Acción! 4.**

TERCERA PARTE

Vocabulario

De vacaciones   **Activities to Do While on Vacation**

Actividad A ¿Qué actividad se hace aquí?

Indica la actividad que mejor se asocia con cada lugar.

1. el golfo de México
   a. practicar el paracaidismo   b. bucear   c. montar a caballo

2. la cordillera de los Andes
   a. charlar en un café   b. surfear   c. practicar el alpinismo de rocas

3. la playa de Waikiki
   a. navegar en canoa   b. ver un espectáculo c. tomar el sol

4. la ciudad de Chicago
   a. hacer kayak   b. ir de excursión   c. visitar un museo

5. el parque nacional de Yosemite

   a. navegar en un barco   **b.** hacer camping   **c.** tomar el sol

6. las montañas Rocosas

   a. esquiar   **b.** surfear   **c.** visitar un parque de diversiones

7. el Valle Napa

   a. ver un espectáculo   **b.** degustar vinos   **c.** charlar en un café

Actividad B   ¿Qué necesita uno?

Empareja cada actividad con el objeto correspondiente para formar oraciones lógicas.

Para...

1. _____ hacer rafting
2. _____ nadar
3. _____ navegar largas distancias en un barco
4. _____ pescar
5. _____ acampar
6. _____ andar en bicicleta
7. _____ tomar el sol

uno necesita...

a. gusanos (*worms*).
b. un casco (*helmet*).
c. un saco de dormir (*sleeping bag*).
d. una crema protectora.
e. un chaleco salvavidas (*lifejacket*).
f. un traje de baño.
g. una brújula (*compass*).

Actividad C   ¿Es peligroso (*dangerous*) o no?

Escucha cada actividad e indica si es peligroso hacerla o no.

	ES PELIGROSO.	NO ES PELIGROSO.
1.	☐	☐
2.	☐	☐
3.	☐	☐
4.	☐	☐
5.	☐	☐
6.	☐	☐
7.	☐	☐
8.	☐	☐

 Go to page 202 to complete ¡Acción! 5.

Gramática

Es el más guapo de todos.

 Superlatives

 Actividad D ¿Es lógico o no?

Listen to each statement and indicate whether it is logical or not.

	LÓGICO	ILÓGICO
1.	☐	☐
2.	☐	☐
3.	☐	☐
4.	☐	☐
5.	☐	☐
6.	☐	☐

Actividad E Los Estados Unidos

How much do you know about the United States? Indicate the correct place to complete each description.

1. _____ El edificio más alto es...

2. _____ El lago más grande es...

3. _____ El estado más pequeño es...

4. _____ La carretera (*highway*) menos larga es...

5. _____ El río más largo es...

6. _____ El estado menos poblado es...

7. _____ El parque nacional más visitado es...

a. Rhode Island.
b. Wyoming.
c. la torre Sears.
d. el Grand Canyon.
e. el Michigan.
f. el Missouri.
g. la US 71, en Texas.

 Go to page 203 to complete ¡Acción! 6.

Para escribir

Antes de escribir

Paso 1 Para esta actividad, vas a describir los eventos más importantes que han ocurrido entre Jaime y María hasta el momento. Primero, describe cómo se sentían Jaime y María en cada situación a continuación.

> MODELO: Jaime conoció a María. →
> Jaime estaba cansado de correr, pero estaba muy feliz. María se sentía… porque…

LO QUE PASÓ ENTRE JAIME Y MARÍA	¿CÓMO SE SENTÍA(N) EN ESE MOMENTO?
1. Jaime se chocó con María en el parque.	1. _____ _____
2. Jaime vio a María cuando fue de compras en el mercado.	2. _____ _____
3. María y Jaime tomaron una copa de vino en el café al aire libre.	3. _____ _____
4. María tiró al suelo la figurita que Jaime le regaló.	4. _____ _____

A escribir

Paso 1 Usa los eventos del **Paso 1** para escribir un borrador en una hoja de papel aparte. Las palabras y expresiones a continuación pueden serte útiles.

a la vez	at the same time
además (de)	in addition (to)
después	afterwards
entonces	then
luego	then
más tarde	later
mientras	while
por lo tanto	therefore

Paso 2 Repasa bien lo que has escrito. ¿Quieres agregar oraciones para hacer la narración más interesante?

(continued)

Paso 3 Intercambia tu composición con la de un compañero (una compañera) de clase. Mientras lees su composición, revisa los siguientes puntos.

□ el significado y el sentido general

□ la concordancia entre sustantivo y adjetivo

□ la concordancia entre sujeto y verbo

□ la ortografía

Al entregar la composición

Utilizando los comentarios de tu compañero/a de clase, escribe una versión final de tu composición. Revisa los siguientes puntos sobre el lenguaje y luego entrégale la composición a tu profesor(a).

□ forma correcta del verbo en pretérito e imperfecto

□ el uso correcto del pretérito y el imperfecto

◧ ¡Acción!

✳

¡Acción! 1 ¿Cómo es la geografía de... ?

Describe en unas cincuenta palabras la geografía del lugar donde vives o de otro lugar que conoces muy bien.

    MODELO: La geografía de Oregón es muy variada. Hay muchos ríos...

_____

_____

_____

_____

_____

¡Acción! 2 ¿Qué debo hacer allí?

Piensa en una ciudad o un pueblo que conoces y usa mandatos informales para hacer una lista de seis cosas que un amigo (una amiga) debe hacer o ver allí.

    MODELO: Ciudad: <u>Berkeley:</u> Come en el restaurante Chez Panisse.
                Ciudad: _____

1. _____

2. _____

3. _____

4. _____

5. _____

6. _____

¡Acción! 3 Un problema medioambiental

Indica el problema del medio ambiente que, en tu opinión, es el más importante. Luego, menciona seis de las cosas que uno puede hacer para aliviar el problema.

    MODELO: Para aliviar el problema de <u>la deforestación</u>, uno puede...
            1. usar menos servilletas de papel.
            2. recibir las cuentas electrónicamente.
            3. ...

(continued)

Para aliviar el problema de _____, uno puede...

1. _____

2. _____

3. _____

4. _____

5. _____

6. _____

¡Acción! 4 ¡No hagas eso!

Escoge uno de los problemas de la lista y escribe mandatos informales negativos para explicarle a un amigo (una amiga) seis cosas que no debe hacer para evitarlo.

MODELO: la falta de recursos naturales → No dejes las luces prendidas.

- el desperdicio del agua
- los pesticidas en la fruta y la verdura
- la contaminación del aire
- la falta de recursos naturales

1. _____

2. _____

3. _____

4. _____

5. _____

6. _____

¡Acción! 5 Las actividades ideales

Completa las oraciones con las actividades ideales para cada persona a continuación.

MODELO: Tomar el sol y bucear son actividades ideales para una persona estresada (stressed out).

1. _____ y _____ son actividades ideales para una persona sociable.

2. _____ y _____ son actividades ideales para una persona perezosa (lazy).

3. _____ y _____ son actividades ideales para una persona intelectual.

4. _____ y _____ son actividades ideales para una persona arriesgada (daring).

5. _____ y _____ son actividades ideales para una persona fuerte.

6. _____ y _____ son actividades ideales para una persona solitaria.

¡Acción! 6   En tu ciudad o pueblo

Usa las frases a continuación para formar oraciones sobre tu ciudad o pueblo.

MODELO: la mejor pizzería → La mejor pizzería de Chicago es Giordano's.

1. el peor restaurante

    _____

2. la atracción turística más interestante

    _____

3. el hotel menos elegante

    _____

4. la mejor tienda de ropa

    _____

5. la comida más típica

    _____

6. el mejor equipo deportivo

    _____

¿Cómo te sientes?

OBJETIVOS

IN THIS LESSON, YOU WILL CONTINUE TO PRACTICE:

- **talking about feelings and mental conditions**

- **using certain verbs to describe changes in emotion or mood**

- **describing parts of the body and health–related issues**

- **using the imperfect to talk about conditions in the past**

- **talking about a visit to the doctor's office**

- **using the verb *hacer* to express *ago* in a variety of contexts**

Vocabulario

Estoy tenso.

 Actividad A   Reacciones

Empareja cada una de las condiciones que escuchas con la situación más lógica. Vas a oír las condiciones dos veces.

1. _____ Alejandra llora.

2. _____ Algo le enoja a Rubén.

3. _____ Esa situación confunde a Antonio.

4. _____ Camila cree que su novio Roberto está enamorado de Carola.

5. _____ Esto le molesta a Diego.

6. _____ Fernanda tiene muchísimas responsabilidades y dificultades.

7. _____ Eliana no reacciona a lo que ha ocurrido.

8. _____ Mercedes tiene mucho trabajo.

Actividad B   ¿Es lógico o no?

Indica si cada una de las siguientes oraciones es lógica o no.

	LÓGICO	ILÓGICO
1. Si la situación está muy clara, le puede dejar (*leave*) perpleja a una persona.	☐	☐
2. Si uno está confundido, se siente frustrado.	☐	☐
3. Si uno reacciona a todo, no toma nada a pecho.	☐	☐
4. Si uno está preocupado por una situación, piensa mucho en ella.	☐	☐
5. Si algo le enoja a uno, no le afecta.	☐	☐
6. Cuando algo le molesta a uno, es porque no le gusta.	☐	☐
7. Si uno no duerme lo suficiente, tiene sueño.	☐	☐

Actividad C ¿Cómo reaccionas?

Completa cada oración con la(s) palabra(s) correcta(s).

1. Si alguien tiene algo que tú quieres tener, a esa persona le tienes…

   a. miedo.   **b.** sueño.   **c.** envidia.

2. Si alguien te dice algo realmente cómico, tú probablemente…

   a. lloras.   **b.** ríes.   **c.** te lo tomas a pecho.

3. Muchos niños les tienen miedo a…

   a. sus amigos.   **b.** los gatos.   **c.** los perros grandes.

4. Si uno está alegre, es porque…

   a. le pasa algo malo.   **b.** le pasa algo bueno.   **c.** no le pasa nada.

5. Lo opuesto (*opposite*) de nervioso es…

   a. relajado.   **b.** perplejo.   **c.** furioso.

6. Si alguien dice que está avergonzado, probablemente…

   a. no comió esta mañana.   **b.** hizo algo inapropiado.   **c.** alguien lo/la ofendió.

Go to page 217 to complete **¡Acción! 1.**

Gramática

¿Cómo se siente?

Pseudo-Reflexive Verbs

Actividad D ¿Es lógico o no?

Indicate the correct subject of each sentence, then indicate whether it is logical or not.

	LÓGICO	IlÓGICO
1. _____ se ofende cuando alguien le dice algo bueno.	☐	☐

   a. Yo   **b.** El presidente   **c.** Uds.

| 2. _____ me irrito cuando los demás me interrumpen mucho. | ☐ | ☐ |

   a. Tú   **b.** Mis amigos y yo   **c.** Yo

| 3. _____ se preocupan cuando sus hijos no llegan a casa a tiempo. | ☐ | ☐ |

   a. Tú   **b.** Nosotros   **c.** Los padres

| 4. _____ nos confundimos cuando una explicación (*explanation*) no está clara. | ☐ | ☐ |

   a. Mis compañeros y yo   **b.** Mis compañeros   **c.** El profesor

(continued)

	LÓGICO	ILÓGICO
5. _____ te frustras cuando todo va muy bien.	☐	☐
a. Tú b. Tú y yo c. Ángel		
6. _____ se deprime cuando las cosas van mal.	☐	☐
a. Nosotros b. Yo c. Teresa		

Actividad E ¿Cómo te pones?

Listen to each phrase, then indicate the correct sentence to complete it. You will hear the phrases twice.

1. ☐ ...me ofendo.

    ☐ ...me aburro.

2. ☐ ...¿te pones contento?

    ☐ ...¿te pones triste?

3. ☐ ...nos confundimos.

    ☐ ...nos aburrimos.

4. ☐ ...el profesor se irrita.

    ☐ ...el profesor se alegra.

5. ☐ ...se sienten frustrados los estudiantes.

    ☐ ...se sienten bien los estudiantes.

6. ☐ ...nos ponemos contentos.

    ☐ ...nos cansamos.

7. ☐ ...mi amigo se puso muy confundido.

    ☐ ...mi amigo se deprimió.

8. ☐ ...me sentí muy bien.

    ☐ ...me confundí.

Actividad F ¿Cómo se siente?

Match each personality to the typical reaction.

Una persona...

1. _____ impaciente...

2. _____ que tiene mucho resentimiento...

3. _____ nerviosa...

4. _____ que se toma todo a pecho...

5. _____ con una actitud positiva...

a. se enoja fácilmente.
b. se ofende fácilmente.
c. se siente contenta siempre.
d. se siente frustrada fácilmente.
e. se preocupa siempre.

Go to page 217 to complete ¡Acción! 2.

SEGUNDA PARTE

Vocabulario

Estoy un poco enfermo. **Parts of the Body and Physical Health**

Actividad A ¿Qué usan para hacerlo?

Escucha las oraciones e indica qué partes del cuerpo las personas usan. ¡OJO! En algunos casos hay más de una respuesta posible.

1. **a.** las manos   **b.** los pies   **c.** las piernas

2. **a.** el mentón   **b.** la boca   **c.** los dedos

3. **a.** los ojos   **b.** la garganta   **c.** la nariz

4. **a.** las rodillas   **b.** los dientes   **c.** la garganta

5. **a.** la espalda   **b.** los brazos   **c.** el mentón

6. **a.** los pies   **b.** el codo   **c.** la cabeza

7. **a.** los ojos   **b.** las orejas   **c.** las rodillas

8. **a.** la espalda   **b.** los dedos del pie   **c.** las manos

Actividad B Asociaciones

Paso 1 Indica la actividad que *no* se asocia con cada parte del cuerpo.

1. las piernas

    a. bailar   **b.** correr   **c.** dormir

2. la boca

    a. servir   **b.** hablar   **c.** cantar

3. los ojos

    a. llorar   **b.** salir   **c.** mirar

4. las orejas

    a. llorar   **b.** escuchar   **c.** oír

5. los dientes

    a. sonreír   **b.** comer   **c.** bailar

6. la garganta

    a. beber   **b.** cantar   **c.** enojar

(continued)

Paso 2 Ahora empareja cada prenda de ropa con la parte del cuerpo correspondiente.

1. _____ la corbata
2. _____ los zapatos
3. _____ el sombrero
4. _____ la bufanda
5. _____ los pantalones
6. _____ la blusa

a. las piernas
b. el pecho, la espalda y los hombros
c. los hombros y el cuello
d. los pies
e. el cuello
f. la cabeza

Actividad C Las enfermedades (*Illnesses*)

Indica la palabra que mejor completa cada oración.

1. Si uno tiene un resfriado, es típico tener... tapada.

   ☐ la nariz   ☐ la boca

2. Uno hace gárgaras (*gargles*) para...

   ☐ el hombro.   ☐ la garganta.

3. Si tienes fiebre, debes...

   ☐ tomar aspirina.   ☐ afeitarte.

4. Si te rompiste la pierna, debes...

   ☐ usar muletas (*crutches*). ☐ estar mareado.

5. No debes levantar cosas grandes si...

   ☐ te lastimas el cuello.   ☐ te lastimas la espalda.

6. Cuando te cortas un dedo debes usar...

   ☐ un pecho.   ☐ un vendaje (*bandage*).

7. Cuando te rompes un brazo, debes usar...

   ☐ una rodilla.   ☐ yeso (*cast*).

8. Si tienes mala circulación, siempre tienes... fríos.

   ☐ los dedos   ☐ los codos

Go to page 218 to complete ¡Acción! 3.

Gramática

Estaban contentos, ¿no?

Review of the Imperfect

Actividad D   Una historia

Select from the list of verbs on the right to complete the following story correctly and logically.

Una vez mi amigo se rompió una pierna. _____[1] de vacaciones en Colorado con

su familia y _____[2] un día perfecto para esquiar. El día anterior nevó mucho, así que

_____[3] mucha nieve[a] y mi amigo _____[4] muchas ganas de salir a esquiar. Al salir

del hotel, mi amigo no _____[5] lo que hacía. Se cayó[b] y se rompió la pierna en la

entrada[c] del hotel. Lo llevaron al hospital y no estaba nada contento. Volvió de las

vacaciones con una pierna rota[d] y ni siquiera[e] _____[6] decirles a sus amigos que tuvo

un accidente de esquí.

era
estaba
había
podía
tenía
veía

[a]*snow*   [b]*Se... He fell*   [c]*entrance*   [d]*broken*   [e]*ni... not even*

 ### Actividad E   Juanita en la universidad

Listen to the conversation between Juanita and Ramón about Juanita's first day at the university. Then indicate whether the following statements are **probable, improbable,** or **no se sabe.** You can listen to the conversation more than once if you like.

Juanita...	PROBABLE	IMPROBABLE	NO SE SABE.
1. no se sentía muy cómoda.	☐	☐	☐
2. no sabía qué esperar (*to expect*).	☐	☐	☐
3. tenía varios amigos que la podían ayudar.	☐	☐	☐
4. no echaba de menos (*didn't miss*) a su familia.	☐	☐	☐
5. era muy buena estudiante.	☐	☐	☐

Go to page 218 to complete ¡**Acción! 4.**

TERCERA PARTE

Vocabulario

Me duele la garganta.

Actividad A ¿Cierto o falso?

Indica si las siguientes oraciones son ciertas o falsas.

	CIERTO	FALSO
1. Los rayos X se usan para sacar fotos del interior del cuerpo.	☐	☐
2. El corazón es el órgano principal de la digestión.	☐	☐
3. Tomar demasiado alcohol puede dañar (*damage*) el hígado.	☐	☐
4. El estómago es responsable de la respiración.	☐	☐
5. La enfermera es una persona que ayuda al médico.	☐	☐
6. Los pulmones son responsables de la circulación de la sangre por el cuerpo.	☐	☐
7. Una pastilla es una medicina que se toma por inyección.	☐	☐
8. Para obtener una medicina, el paciente debe llevar la receta al farmacéutico.	☐	☐

Actividad B Preguntas

Indica la mejor respuesta para cada pregunta.

1. ¿Por qué le toma la temperatura a un paciente la enfermera?

   ☐ Porque necesita ver si tiene fiebre o no.

   ☐ Porque necesita ver si tiene dificultades en respirar.

2. ¿Cuántos pulmones tiene una persona normal y de buena salud?

   ☐ Tiene uno, no más.

   ☐ Tiene dos.

3. ¿Qué información debes darle a tu médico?

   ☐ Si hay una farmacia cerca de tu casa.

   ☐ Si tienes alergias.

4. En un examen médico, ¿qué hacen siempre?

   ☐ Siempre toman la presión de la sangre.

   ☐ Siempre te sacan rayos X.

5. ¿Qué hacen para ver si uno tiene alto el colesterol?

   ☐ Le examinan los órganos internos.

   ☐ Le sacan sangre.

6. Si el enfermero escribe «155 libras (*pounds*)» en sus apuntes; ¿qué hizo?

   ☐ Te dio una inyección.

   ☐ Te pesó (*weighed*).

Actividad C ¿Quién lo dice?

Escucha cada una de las oraciones e indica quién lo dice: un médico o un paciente.

	MÉDICO	PACIENTE
1.	☐	☐
2.	☐	☐
3.	☐	☐
4.	☐	☐
5.	☐	☐
6.	☐	☐
7.	☐	☐
8.	☐	☐

Go to page 219 to complete ¡Acción! 5.

Gramática

Hace dos años que se me rompió el brazo.

Hacer in Expressions of Time

Actividad D ¿Cuánto tiempo?

Indicate the correct verb form to complete each statement.

1. Soy estudiante. Hace más de dos años que _____ en la universidad.

   a. estudio   **b.** estudié   **c.** estudiaba

(*continued*)

2. _____ hace una semana, pero me recuperé pronto.

    a. Me enfermo   **b.** Me enfermé   **c.** Me enfermaba

3. Hacía dos semanas que me _____ recuperado cuando me enfermé de nuevo.

    a. estoy   **b.** estuve   **c.** estaba

4. _____ un examen médico hace un año.

    a. Tengo   **b.** Tuve   **c.** Tenía

5. Hace mucho tiempo que no _____ medicinas.

    a. tomo   **b.** tomé   **c.** tomaba

6. Hace dos días que me _____ una inyección, pero todavía estoy enferma.

    a. ponen   **b.** pusieron   **c.** ponían

7. Hacía tres años que _____ del cáncer cuando murió.

    a. padece   **b.** padeció   **c.** padecía

8. _____ a esa farmacia hace veinticinco años. Es tradicional, pero es buena.

    a. Vamos   **b.** Fuimos   **c.** Íbamos

Actividad E ¿Cuándo?

Listen to each account, in which you will hear the current time and when something happened. Then you will hear a question. Indicate the correct response, based on the information you are given. You will hear each account twice.

1. _____ **a.** julio   **b.** marzo   **c.** febrero

2. _____ **a.** 2006   **b.** 2003   **c.** 2004

3. _____ **a.** el domingo   **b.** el sábado   **c.** el viernes

4. _____ **a.** julio   **b.** noviembre   **c.** junio

5. _____ **a.** el lunes   **b.** el martes   **c.** el jueves

6. _____ **a.** a las diez   **b.** a las ocho   **c.** a las doce

Go to page 219 to complete ¡Acción! 6.

¡A escuchar!

Antes de escuchar

Paso 1 Roberto y Marisela hablan de la decisión de Jaime de ayudar a la familia Sánchez. ¿Qué piensas de sus explicaciones de este cambio en Jaime? Indica todas las declaraciones con las que estás de acuerdo.

☐ Marisela cree que Jaime cambió de opinión por sus sentimientos (*feelings*) hacia María.

☐ Tanto Marisela como Roberto piensan que Jaime cambió de opinión porque quiere el perdón de María.

☐ Marisela opina que hay varios factores y razones que explican el cambio de Jaime.

☐ Roberto cree que los sentimientos de Jaime han influido en su decisión.

Paso 2 Estudia las siguientes palabras y expresiones antes de escuchar la conversación entre Roberto y Marisela.

tener que ver con...	to have to do with . . .
cerrar el trato	to close the deal
alocado/a	crazy, something not thought through
darse cuenta de	to realize
justo/a	fair
pasar al otro bando	to change sides
acelerar	to speed up

A escuchar

Ahora escucha la conversación.

Después de escuchar

Paso 1 Averigua tus respuestas para **Antes de escuchar, Paso 1** en la clave de respuestas.

Paso 2 Lee las siguientes declaraciones e indica la persona correspondiente, Roberto o Marisela.

	ROBERTO	MARISELA
1. La reacción de María es exagerada.	☐	☐
2. Jaime sabe mantener un equilibrio (*balance*) entre sus emociones y su profesión.	☐	☐
3. Se siente molesto/a con el cambio de opinión de Jaime.	☐	☐
4. Jaime quiere el perdón de María.	☐	☐

Estrategia

You have learned about some of the expressions used in Spanish to say how one is feeling. When you hear these expressions in conversation, ask yourself:

1. How is this person feeling?

2. What is this person's emotional response?

In doing this, you will be distinguishing between someone's condition (e.g., **está alegre, se siente alegre**) and his or her reaction to something (e.g., **se alegra, se pone alegre**). By cataloguing these structures in such a way, you will be in a better position to understand how they work in conversation.

(continued)

Paso 3 Escucha la conversación entre Roberto y Marisela otra vez y trata de identificar las expresiones sobre las emociones y las reacciones emotivas en la conversación. Primero indica la descripción correcta. Luego, apunta quién se siente así (Roberto, Marisela, Jaime o María) e indica si es un sentimiento o una reacción.

> MODELO: (*you hear*) Mira, Roberto, tus opiniones me frustran…
> (*you select*) ☐ Está frustrado/a ☑ Me frustran.
> (*you indicate*) ¿QUIÉN? → Marisela ☑ reacción

		QUIÉN?	SENTIMIENTO	REACCIÓN
1.	☐ Está mareado/a.	_____	☐	☐
	☐ Se marea.			
2.	☐ Está enamorado/a.	_____	☐	☐
	☐ Se enamora.			
3.	☐ Me preocupo.	_____	☐	☐
	☐ Me preocupan.			
4.	☐ Está enojado/a.	_____	☐	☐
	☐ Se enojó.			
5.	☐ Se pone incómodo/a y preocupado/a.	_____	☐	☐
	☐ Se sentía incómodo/a y preocupado/a.			
6.	☐ Se puso avergonzado/a.	_____	☐	☐
	☐ Se sentía avergonzado/a.			
7.	☐ Se molestó.	_____	☐	☐
	☐ Le molestó.			
8.	☐ Estoy confundido/a.	_____	☐	☐
	☐ Me confundes.			

Paso 4 Escribe un párrafo de tres a cuatro oraciones para explicar con quién estás de acuerdo (Roberto o Marisela) y por qué.

_____

_____

_____

_____

_____

_____

_____

 # ¡Acción!

¡Acción! 1 ¿Te controlas bien?

Contesta las siguientes preguntas con oraciones completas.

1. ¿Estás enojado/a o irritado/a con frecuencia?

   _____

2. ¿Estás preocupado/a con frecuencia?

   _____

3. ¿Les tienes envidia a otras personas por lo que tienen?

   _____

4. ¿Estás contento/a la mayoría (*majority*) del tiempo?

   _____

5. ¿Ríes mucho?

   _____

6. ¿Te tomas las cosas muy a pecho fácilmente?

   _____

Basándote en tus respuestas, ¿tiendes a (*do you tend*) estar de buen humor (*mood*) o de mal humor? Explica.

¡Acción! 2 ¿Cuándo te ofendes?

Contesta las preguntas, según tu experiencia. Escribe oraciones completas.

1. ¿Cuándo te pones furioso/a?

   _____

2. ¿Cuándo te ofendes?

   _____

3. ¿Cuándo te sientes mal?

   _____

4. ¿Cuándo te aburres?

   _____

5. ¿Cuándo te preocupas?

   _____

¡Acción! 3 Una prueba

¡Te toca a ti! Vas a escribir una prueba para tu profesor(a). Primero escribe cinco declaraciones incompletas usando el vocabulario de esta sección. Luego, escribe dos posibles respuestas para completar la declaración, una correcta y otra incorrecta. Puedes usar la **Actividad C** de esta sección como modelo, pero no debes copiar las declaraciones de esa actividad.

1. _____

    a. _____   b. _____

2. _____

    a. _____   b. _____

3. _____

    a. _____   b. _____

4. _____

    a. _____   b. _____

5. _____

    a. _____   b. _____

¡Acción! 4 La última vez que estabas enfermo/a

Piensa en la última vez que estabas enfermo/a o que tenías algún problema físico. ¿Cómo te sentías? ¿Quién te cuidaba (*took care*) o te ayudaba? ¿Qué tipo de día era? ¿Qué tenías que hacer? ¿Cómo te sentías? ¿Qué medicinas tomabas? Describe la experiencia en unas veinticinco a cincuenta palabras.

_____

_____

_____

_____

_____

_____

¡Acción! 5 Una visita al consultorio del médico

Imagina que alguien va al consultorio del médico porque tiene dolores de estómago. Escribe un posible intercambio entre el médico (la médica) y el/la paciente.

MÉDICO/A: ¡Hola!

PACIENTE: ¡Hola, doctor!

MÉDICO/A: ¿Cuál es el motivo de su visita hoy?

PACIENTE: _____

MÉDICO/A: _____

PACIENTE: _____

MÉDICO/A: _____

PACIENTE: _____

¡Acción! 6 Hace dos horas que...

Contesta las siguientes preguntas con oraciones completas.

1. ¿Cuánto tiempo hace que estuviste en tu clase de español?

   _____

2. ¿Cuánto tiempo hace que oíste un buen chiste (*joke*)?

   _____

3. ¿Cuánto tiempo hace que te graduaste de la escuela secundaria?

   _____

4. ¿Cuánto tiempo hace que tuviste una conversación seria con alguien?

   _____

5. ¿Cuánto tiempo hace que realmente lo pasaste bien?

   _____

LECCIÓN 7B

Los demás y yo

OBJETIVOS

IN THIS LESSON, YOU WILL CONTINUE TO PRACTICE:

- expressing your feelings toward others

- talking about what people do to and for each other using **nos** and **se**

- talking about how people act in relationships

- talking about your wishes and desires using the subjunctive mood

- talking about positive and negative aspects of relationships

- talking about contingencies and conditions using the subjunctive with conjunctions

Vocabulario

Te tengo mucho cariño.

Feelings

Actividad A Asociaciones

Indica la(s) palabra(s) correcta(s) para completar cada oración.

1. Una madre _____ a su bebé recién nacido.

   a. le cae mal   **b.** adora   **c.** tiene celos

2. Una persona _____ a su pareja (*partner*) cuando está lejos.

   a. extraña   **b.** acaricia   **c.** abraza

3. Alguien a quien le molesta la buena suerte (*luck*) de otra persona _____.

   a. la ama   **b.** se le traba la lengua   **c.** le tiene envidia

4. Se nos enseña que debemos _____ a los ancianos (*the elderly*).

   a. respetar   **b.** despreciar   **c.** odiar

5. Si una persona es muy agresiva, puede _____ a otras personas.

   a. tenerles respeto   **b.** caerles mal   **c.** besar

6. Solemos _____ a una persona honrada (*honorable*) y simpática.

   a. no aguantar   **b.** detestar   **c.** estimar

Actividad B ¿Positivo o negativo?

Indica si los sentimientos que una estudiante expresa hacia su compañera de cuarto son positivos o negativos.

	POSITIVO	NEGATIVO
1.	☐	☐
2.	☐	☐
3.	☐	☐
4.	☐	☐
5.	☐	☐
6.	☐	☐
7.	☐	☐
8.	☐	☐

Actividad C ¿Tímida o extrovertida?

Indica si las reacciones que escuchas se refieren a una persona tímida o a una persona extrovertida.

	TÍMIDA	EXTROVERTIDA
1.	☐	☐
2.	☐	☐
3.	☐	☐
4.	☐	☐
5.	☐	☐
6.	☐	☐

Go to page 233 to complete ¡Acción! 1.

Gramática

Se conocen bien.   Reciprocal Reflexives

Actividad D Buenos amigos

Read the following statements and indicate whether or not they are true (**cierto**) or false (**falso**).

	Los buenos amigos…	CIERTO	FALSO
1.	se llaman por teléfono.	☐	☐
2.	se tienen envidia.	☐	☐
3.	se gritan (*shout at each other*) todo el tiempo.	☐	☐
4.	se saludan cuando se ven.	☐	☐
5.	se tratan con respeto.	☐	☐
6.	se mienten.	☐	☐
7.	se ayudan.	☐	☐
8.	se odian.	☐	☐

Actividad E ¿Socios o amigos?

Indicate whether you think the following would be said by two business partners (**socios**), two friends (**amigos**), or both (**ambos**).

	SOCIOS	AMIGOS	AMBOS
1. Nos reunimos para hablar de la fecha límite (*deadline*) para terminar el proyecto (*project*).	☐	☐	☐
2. Nos llamamos por teléfono.	☐	☐	☐
3. Nos damos la mano.	☐	☐	☐
4. Nos abrazamos cuando nos vemos.	☐	☐	☐
5. No nos vemos mucho fuera del trabajo.	☐	☐	☐
6. Nos admiramos.	☐	☐	☐
7. Nos extrañamos cuando no estamos juntos.	☐	☐	☐
8. Nunca nos vemos los fines de semana.	☐	☐	☐

Actividad F ¿Recíproco o reflexivo?

Indicate whether each statement that you hear describes what people do to each other (**recíproco**) or to themselves (**reflexivo**).

	RECÍPROCO	REFLEXIVO
1.	☐	☐
2.	☐	☐
3.	☐	☐
4.	☐	☐
5.	☐	☐
6.	☐	☐
7.	☐	☐
8.	☐	☐

 Go to page 233 to complete ¡Acción! 2.

SEGUNDA PARTE

Vocabulario

Eres muy romántico.

Describing People

Actividad A   Definiciones

Empareja cada una de las definiciones con la palabra correspondiente.

1. _____ Se dice de alguien a quien le gusta dar órdenes (*commands*).

2. _____ Se refiere a alguien que tiene una opinión elevada de sí mismo.

3. _____ Describe a alguien que actúa según sus impulsos naturales.

4. _____ Si uno no le da nada a nadie, es esto.

5. _____ Se dice de alguien que llora con facilidad.

6. _____ Es una persona que presta (*pays*) atención a las cosas pequeñas.

7. _____ Se dice de la persona que comparte lo que tiene con los demás.

8. _____ Se dice de la persona que insiste en dar consejos a los demás y explicarles cómo resolver sus problemas.

a. detallista
b. sensible
c. tacaño
d. entrometido
e. orgulloso
f. mandón
g. generoso
h. espontáneo

Actividad B   Descripciones

Empareja las frases para formar descripciones.

1. _____ Una persona coqueta...

2. _____ Una persona encantadora...

3. _____ Una persona engañadora...

4. _____ Una persona resuelta...

5. _____ Un amigo fiel...

6. _____ Una persona cabezona...

7. _____ Una persona nostálgica...

8. _____ Una persona vengativa...

a. es muy calmada y cae bien.
b. no cambia de opinión fácilmente.
c. sonríe y le hace guiños (*winks*) a la persona que le interesa.
d. toma satisfacción de un agravio (*offense*) recibido.
e. está a tu lado cuando lo necesitas.
f. sabe lo que quiere.
g. no dice siempre la verdad.
h. se siente melancólica por el recuerdo (*memory*) de algo.

Actividad C **¿Es lógico o no?**

Indica si cada una de las oraciones que escuchas es lógica o no.

	LÓGICO	ILÓGICO
1.	☐	☐
2.	☐	☐
3.	☐	☐
4.	☐	☐
5.	☐	☐
6.	☐	☐
7.	☐	☐

 Go to page 233 to complete **¡Acción! 3.**

Gramática

Espero que sea divertido.   **Introduction to the Subjunctive**

Actividad D **¿Quién lo dijo?**

Indicate whether the following statements are most likely said by a child (**niño**), a movie star (**estrella de cine**), or both (**ambos**).

		NIÑO	ESTRELLA DE CINE	AMBOS
1.	Espero que Papá Noel (*Santa Claus*) me dé muchos regalos.	☐	☐	☐
2.	Espero que nadie me reconozca en público.	☐	☐	☐
3.	Ojalá que me dejen salir a jugar con mis amigos.	☐	☐	☐
4.	Espero que recuerden mi cumpleaños.	☐	☐	☐
5.	Espero que la crítica sea favorable.	☐	☐	☐
6.	Ojalá que yo les caiga bien a todos.	☐	☐	☐

Actividad E Opciones

Complete each sentence with the most logical verb phrase.

1. Este fin de semana tenemos un pícnic y esperamos que no _____.

   ☐ haya tiempo.　　☐ llueva

2. Ojalá que el profesor _____ a clase. No estudié para el examen.

   ☐ falte　　☐ vaya

3. Ojalá que _____ ir de vacaciones a México este verano.

   ☐ solamos　　☐ podamos

4. Espero que mi compañero de cuarto _____ casa porque no tengo la llave (*key*).

   ☐ salga de　　☐ esté en

5. Espero que mi vecino _____ una fiesta el sábado.

   ☐ dé　　☐ pierda

6. Ojalá que _____ bien a mi profesor.

   ☐ le caiga　　☐ quiera

7. Espero que no _____ durante el discurso (*lecture*).

   ☐ me adore　　☐ me hable

8. Ojalá que mi familia _____ a mi novio.

   ☐ estime　　☐ desprecie

Actividad F ¿Novio o padre?

Listen to each statement and indicate who would most likely say it: a potential boyfriend (**novio**), a father (**padre**), or both (**ambos**).

	NOVIO	PADRE	AMBOS
1.	☐	☐	☐
2.	☐	☐	☐
3.	☐	☐	☐
4.	☐	☐	☐
5.	☐	☐	☐
6.	☐	☐	☐
7.	☐	☐	☐
8.	☐	☐	☐

Go to page 234 to complete ¡Acción! 4.

Vocabulario

¡Me engañó!

Actividad A En las películas románticas

Completa el párrafo a continuación con las expresiones correctas entre paréntesis.

La trama[a] de una película romántica típica de Hollywood suele seguir un orden predecible.[b] Primero, dos personas _____[1] (se casan / se conocen) en un lugar público como un café, bar o restaurante. Empiezan a charlar y coquetear[c] y luego salen juntos. Después de un tiempo relativamente corto, los dos empiezan a sentir una fuerte atracción mutua y _____[2] (se pelean / se enamoran). Los sentimientos crecen[d] rápidamente y en muchos casos las personas _____[3] (se casan / rompen) en una ceremonia grande. Después de vivir algunos años en matrimonio, la pareja pasa por varios problemas. A veces los problemas llegan a tal[e] punto que las personas _____[4] (comienzan / terminan) sus relaciones. Si logran[f] reconciliar sus diferencias, los dos _____[5] (se perdonan / se guardan rencor) y viven felices por muchos años más. Pero si nunca hacen las paces, _____[6] (se arrepienten / se divorcian).

[a]plot [b]predictable [c]flirt [d]grow [e]a... to such a [f]they manage

Actividad B ¿Qué se dice?

Indica la palabra o frase correcta para completar cada una de las oraciones a continuación.

1. Cuando dos personas que se pelean resuelven sus problemas se dice que...

   a. hacen las paces. **b.** están enamoradas. **c.** se traicionan.

2. Cuando los esposos terminan sus relaciones en forma legal se dice que...

   a. discuten. **b.** se gritan. **c.** se divorcian.

3. Dos personas que se llevan bien sin tener relaciones románticas tienen...

   a. una boda. **b.** una amistad. **c.** un noviazgo.

4. Cuando una persona lastima a otra y luego se siente mal decimos que...

   a. perdona. **b.** se arrepiente. **c.** se compromete.

5. Cuando una persona no dice la verdad decimos que…

    a. seduce.   **b.** castiga.   **c.** miente.

6. Cuando una persona no perdona por años las ofensas de otra decimos que…

    a. guarda rencor.   **b.** oculta secretos.   **c.** engaña.

Actividad C Las relaciones

Indica si cada una de las situaciones que escuchas describe relaciones buenas o malas.

	BUENAS	MALAS
1.	☐	☐
2.	☐	☐
3.	☐	☐
4.	☐	☐
5.	☐	☐
6.	☐	☐
7.	☐	☐
8.	☐	☐

Go to page 234 to complete ¡Acción! 5.

Gramática

A menos que no quieras…   Obligatory Subjunctive

Actividad D Para tener buenas relaciones

Indicate the correct phrase to complete each piece of advice about maintaining a good relationship.

1. _____ Puedes ocultar algunos secretos con tal de que…
2. _____ Debes comunicar tus sentimientos con tranquilidad después de que…
3. _____ A veces tienes que respetar y aceptar las diferencias para que…
4. _____ Es bueno ser atento/a en caso de que…
5. _____ No debes salir con una persona cabezona a menos que…
6. _____ No debes comprometerte con él/ella sin que…

    a. seas muy paciente y flexible.
    b. lo hagas para proteger o sorprenderlo/la.
    c. tu amigo/a te necesite pero no sabe pedirte ayuda.
    d. Uds. se peleen.
    e. pasen suficiente tiempo juntos para conocerse bien.
    f. Uds. se lleven bien.

Actividad E ¿En caso de qué?

Indicate the correct verb form to complete each sentence.

1. Estudiamos en la biblioteca a menos que _____ cerrada.

   a. está   **b.** esté

2. Miro las telenovelas (*soap operas*) porque me _____.

   a. divierten   **b.** diviertan

3. Estudio español para que _____ comunicarme con mis amigos hispanos.

   a. puedo   **b.** pueda

4. Quiero irme antes de que _____ demasiado tarde.

   a. es   **b.** sea

5. Limpio la casa sin que nadie me lo _____.

   a. pide   **b.** pida

6. Tenemos dinero en el banco porque lo _____.

   a. necesitamos   **b.** necesitemos

7. Voy a acompañarte con tal de que _____ antes de las 10:00.

   a. volvemos   **b.** volvamos

Actividad F Situaciones

You will hear the first part of a sentence. Indicate which phrase best completes each sentence. You will hear the beginning of each sentence twice.

1. ☐ ...reciba un aumento de sueldo (*raise*).

   ☐ ...recibir un aumento de sueldo.

2. ☐ ...haga ejercicio en el gimnasio.

   ☐ ...hacer ejercicio en el gimnasio.

3. ☐ ...perdonarme el malentendido (*misunderstanding*).

   ☐ ...me perdone el malentendido.

4. ☐ ...ofrecerse los cursos necesarios.

   ☐ ...se ofrezcan los cursos necesarios.

5. ☐ ...haya otra solución al problema.

   ☐ ...haber otra solución al problema.

6. ☐ ...saber los niños.

   ☐ ...sepan los niños.

 Go to page 235 to complete ¡Acción! 6.

Para escribir

Antes de escribir

Paso 1 Hasta ahora se sabe muy poco del pasado de Carlos Sánchez. En esta actividad, vas a inventar una breve historia en la que describes el pasado de Carlos. Para comenzar, contesta las preguntas a continuación. No hay respuestas correctas; son tus opiniones.

1. ¿Cuántos años tenía Carlos cuando murió su papá? ¿Qué hacía Carlos en esa época? ¿Trabajaba? ¿estudiaba? ¿vivía en la viña?
2. Siendo el único hijo, ¿qué responsabilidades en cuanto a la familia y el manejo (*managing*) de la viña le tocaban al morir (*upon dying*) su padre?
3. ¿Quería Carlos encargarse de (*to take charge of*) la viña? Si dices que sí, explica por qué era importante para él asumir este puesto (*position*). Si dices que no, ¿qué quería hacer con su vida? ¿Quería casarse? ¿tener hijos? ¿seguir otra profesión?
4. ¿Se llevaban bien de adolescentes Carlos y María? ¿Cómo reaccionó Carlos cuando María decidió trabajar en otro campo (*field*) que no fuera (*wasn't*) la viña?
5. Explica cómo eran las relaciones entre Carlos y don Paco tras (*after*) la muerte del padre de Carlos. ¿Lo trataba don Paco como si fuera (*he were*) su propio hijo? ¿Lo ayudaba en los asuntos de la viña? ¿Crees que Carlos respetaba a don Paco o que resentía algo de él?
6. Explica las circunstancias que llevaron a Carlos a querer vender la viña. ¿Estaba cansado del trabajo? ¿aburrido? ¿Resentía algo de su familia? ¿Había otros problemas?

Paso 2 Comparte tu información con un compañero (una companera) de clase. ¿Tienen ideas parecidas?

A escribir

Paso 1 Usa las respuestas del **Paso 1** para escribir un borrador en una hoja de papel aparte. Las palabras y expresiones a continuación pueden serte útiles.

además de	in addition to
al contrario	on the contrary
así que	therefore
creo que	I think that
es obvio/evidente que	it's obvious/evident that
me parece que	it seems to me that
opino que	it's my opinion that
por lo visto	apparently
sin embargo	however

Paso 2 Repasa bien lo que has escrito. ¿Quieres agregar oraciones para hacer la narración más interesante?

(continued)

Paso 3 Intercambia tu composición con la de un compañero (una compañera) de clase. Revisa los siguientes puntos.

☐ el significado y el sentido en general

☐ la concordancia entre sustantivo y adjetivo

☐ la concordancia entre sujeto y verbo

☐ la ortografía

Al entregar tu composición

Usa los comentarios de tu compañero/a de clase para escribir una versión final de tu composición. Repasa los siguientes puntos sobre el lenguaje y luego entrégasela a tu profesor(a).

☐ el uso correcto del pretérito y del imperfecto

☐ el uso correcto del subjuntivo

☐ el uso correcto de las palabras de transición

 # ¡Acción!

¡Acción! 1 ¿Cómo te hacen sentirte?

Completa las siguientes oraciones con los nombres de personas o personajes famosos y una explicación de por qué te sientes así.

> MODELO: No le tengo envidia al presidente porque tiene muchas responsabilidades.

1. _____ me da(n) escalofríos porque _____

2. Me gusta(n) mucho _____ porque _____

3. Admiro a _____ porque _____

4. _____ no me cae(n) bien porque _____

5. Le(s) tengo envidia a _____ porque _____

6. Respeto a _____ porque _____

¡Acción! 2 ¿Qué se hacen?

Escribe seis oraciones con los verbos de la lista sobre lo que tú y tus amigos y/o parientes se hacen.

> abrazar   aguantar   escribir cartas   extrañar   llamar   respetar
>
> MODELO: extrañar → Mi primo Jeff y yo no nos vemos con frecuencia.

1. _____
2. _____
3. _____
4. _____
5. _____
6. _____

¡Acción! 3 Las fábulas (*Fables*)

Los animales de las fábulas representan características humanas. Completa las siguientes oraciones con adjetivos que representan los animales y explica por qué.

> MODELO: El zorro (*fox*) representa a una persona engañadora porque engaña a los demás.

1. El mono (*monkey*) representa a una persona _____ porque _____

2. La serpiente (*snake*) representa a una persona _____ porque _____

3. El perro representa a una persona _____ porque _____

4. La hiena representa a una persona _____ porque _____

5. El cisne (*swan*) representa a una persona _____ porque _____

6. La gata representa a una persona _____ porque _____

¡Acción! 4 Espero que...

Escribe de seis a diez oraciones sobre el futuro (en diez años) de tus relaciones con amigos y parientes. Usa las expresiones **espero que...** y **ojalá que...** en tus oraciones.

_____

_____

_____

_____

_____

_____

¡Acción! 5 ¿Qué debo hacer?

Usa el vocabulario de esta sección para darles consejos a las siguientes personas.

1. Encontré el número telefónico de un hombre en la cartera de mi novia. Ella dice que es su socio (*business partner*), pero creo que me engaña. ¿Qué debo hacer?

   _____

2. Mi jefa (*boss*) y yo nos peleamos y ahora ella no me habla. Me siento mal porque quiero que seamos cordiales otra vez. ¿Qué debo hacer?

   _____

3. Mis padres quieren casarme con la hija de unos amigos de ellos que no conozco. Respeto a mis padres, pero no quiero casarme con alguien que no amo. ¿Qué debo hacer?

   _____

4. Cada vez que no estoy de acuerdo con alguna decisión de mi esposo, él me amenaza (*threatens*) con el divorcio. No quiero divorciarme, pero tampoco quiero vivir así. ¿Qué debo hacer?

   _____

5. Me enteré de (*I found out*) que una compañera de trabajo le cuenta a su esposo todos mis secretos. Estoy muy decepcionada y no sé si puedo confiar más en ella. ¿Qué debo hacer?

   _____

6. Mi novio es muy guapo y le gusta coquetear con las mujeres. No va más allá de eso, pero aún así me molesta su actitud. ¿Qué debo hacer?

   _____

¡Acción! 6   ¿Qué haces?

Completa las siguientes oraciones con información verdadera para ti.

1. Llevo una tarjeta de crédito cuando voy de viaje en caso de que _____

2. No salgo de la casa sin que _____

3. Hago la tarea antes de que _____

4. No les doy dinero a mis amigos a menos que _____

5. Los padres trabajan para que sus hijos _____

6. De vez en cuando no duermo bien a menos que _____

LECCIÓN 8A

El dinero y las finanzas

OBJETIVOS

IN THIS LESSON, YOU WILL CONTINUE TO PRACTICE:

- **talking about money and your personal finances**

- **the present progressive to talk about what you are doing at the moment**

- **talking about debts you have and how to pay them off**

- **the conditional to talk about what you would do in certain situations**

- **talking about the economy**

- **the imperfect subjunctive to talk about hypothetical events and how you would respond to them**

Vocabulario

¿Cómo manejas el dinero?

Your Personal Finances

Actividad A ¡A sacar dinero!

Pon las oraciones en el orden en que sacas dinero de un cajero automático.

_____ Marcas la cantidad de dinero que quieres sacar de la cuenta.

_____ Marcas los números del código personal.

_____ Guardas el dinero y el recibo.

_____ Introduces la tarjeta bancaria en el cajero automático.

_____ Confirmas la cantidad que quieres sacar.

_____ Sacas el recibo que sale del cajero automático.

_____ Sacas el dinero en efectivo del cajero automático.

Actividad B ¿Quién lo dice?

Indica quién dice las declaraciones que escuchas.

	EL CLIENTE	EL BANQUERO	EL CAJERO DE UNA TIENDA
1.	☐	☐	☐
2.	☐	☐	☐
3.	☐	☐	☐
4.	☐	☐	☐
5.	☐	☐	☐
6.	☐	☐	☐
7.	☐	☐	☐
8.	☐	☐	☐

Actividad C Y ahora, ¿qué haces?

Busca la solución más apropiada a cada problema a continuación.

1. _____ Estás en la caja y te encuentras sin efectivo.
2. _____ El sueldo no te alcanza para (*is lower than*) tus gastos.
3. _____ El cajero automático se tragó (*swallowed*) tu tarjeta bancaria.
4. _____ Piensas hacer una excursión a un lugar donde hay muchos robos (*robberies*).
5. _____ Te gusta un auto, pero no lo puedes pagar todo de una vez.
6. _____ Manejas muy mal tus cuentas personales.
7. _____ Has ahorrado algún dinero y quieres que gane interés.
8. _____ Se te perdió la libreta de cheques (*checkbook*).

a. Pídele un aumento de sueldo (*raise*) al jefe (*boss*).
b. Hazte un presupuesto.
c. Consigue cheques de viajero.
d. Abre una cuenta de ahorros.
e. Paga con tarjeta de crédito.
f. Llama al banco para que no paguen los cheques de tu cuenta.
g. Comunícate con el banco para pedir un repuesto (*replacement*).
h. Págalo a plazos.

Go to page 249 to complete ¡Acción! 1.

Gramática

¿Qué estás haciendo?

The Present Progressive

Actividad D ¿Por qué lo está haciendo?

Complete each sentence with the most logical conclusion.

1. _____ No está manejando bien su dinero...
2. _____ Está depositando dinero en su cuenta corriente...
3. _____ Está abriendo una cuenta de ahorros...
4. _____ Está entrando en el banco...
5. _____ Está sacando dinero del cajero automático...
6. _____ Está pagando en efectivo...
7. _____ Está gastando sus ahorros...
8. _____ Está preparando un presupuesto...

a. porque quiere escribir cheques.
b. porque quiere manejar mejor su dinero.
c. porque tiene que pagar en efectivo.
d. porque quiere acumular intereses.
e. porque no tiene experiencia.
f. porque no aceptan tarjetas de crédito.
g. porque necesita hablar con el banquero.
h. porque no tiene ingresos.

Actividad E   ¿Qué actitud tienen hacia el dinero?

Indicate the adjective that best describes each action.

	DERROCHADOR(A)	RESPONSABLE	TACAÑO/A
1. Cristina está gastando su sueldo otra vez en relojes caros que nunca va a llevar.	☐	☐	☐
2. Roberto no está tomando bebidas en la fiesta de bodas de sus amigos porque hay que pagarlas.	☐	☐	☐
3. Joaquín no salió con sus amigos esta noche porque está cuidando a sus padres enfermos.	☐	☐	☐
4. Jackie está gastando todo su dinero con sus amigos esta noche y todavía no pagó el alquiler.	☐	☐	☐
5. Estoy depositando este cheque en la cuenta de ahorros en caso de emergencia.	☐	☐	☐
6. Elisa está quedándose en casa esta noche porque no quiere gastar en invitar a nadie.	☐	☐	☐

Actividad F   ¿Por qué?

Indicate the most logical answer to each question that you hear. You will hear each question twice.

1. _____
2. _____
3. _____
4. _____
5. _____
6. _____
7. _____
8. _____

    a. Está llorando porque rompió con Esteban.
    b. Siguen saliendo como amigos.
    c. Estoy buscando a Pedro. ¿Sabes dónde está?
    d. Sigue durmiendo porque se siente muy mal.
    e. Están estudiando para el examen de química.
    f. Está depositando su cheque.
    g. Sigo usando el de mi padre.
    h. Estamos tomando unas copas.

Go to page 249 to complete **¡Acción! 2.**

Vocabulario

Las deudas

More on Personal Finances

Actividad A Las deudas y el seguro

Paso 1 Empareja cada expresión con el concepto contrario.

1. _____ pagar en efectivo
2. _____ amortizar una hipoteca
3. _____ pedir prestado/a
4. _____ pagar a plazos
5. _____ ahorrar

a. sacar un préstamo
b. gastar
c. pagar de una vez
d. cargar
e. prestar

Paso 2 Ahora indica la categoría correcta para cada una de las siguientes palabras.

	DEUDA	SEGURO
1. contra incendios	☐	☐
2. médico	☐	☐
3. el préstamo	☐	☐
4. deber	☐	☐
5. antirrobo	☐	☐
6. la hipoteca	☐	☐
7. el interés	☐	☐

Actividad B ¿Quién lo hace?

Lee cada pregunta e indica la(s) persona(s) correspondiente(s).

	EL QUE PIDE PRESTADO/A	EL QUE PRESTA	AMBOS
1. ¿Quién firma el contrato?	☐	☐	☐
2. ¿Quién saca el préstamo?	☐	☐	☐
3. ¿Quién tiene la deuda?	☐	☐	☐
4. ¿Quién paga los intereses?	☐	☐	☐
5. ¿Quién recibe los intereses?	☐	☐	☐
6. ¿Quién amortiza la deuda?	☐	☐	☐

Actividad C ¿Qué pides?

Indica lo que está pidiendo cada una de las personas que habla. Vas a escuchar las declaraciones dos veces.

1. _____
2. _____
3. _____
4. _____
5. _____
6. _____

a. Le está pidiendo un seguro médico.
b. Le está pidiendo un préstamo a un banquero.
c. Le está pidiendo su firma.
d. Le está pidiendo un seguro de vida.
e. Le está pidiendo un préstamo a un amigo.
f. Le está pidiendo un préstamo para sacar una hipoteca.

 Go to page 250 to complete ¡Acción! 3.

Gramática

¿Qué harías?   **Introduction to the Conditional**

Actividad D ¿Qué podrías hacer?

Match each sentence you hear with the correct item. You will hear each sentence twice.

1. _____
2. _____
3. _____
4. _____
5. _____
6. _____
7. _____

a. con una hipoteca
b. con un presupuesto mensual
c. con el seguro médico
d. con cheques de viajero
e. con una cuenta de ahorros
f. con un cajero automático
g. con el seguro de automóvil

Actividad E ¿Qué querrían saber?

Read the following sentences and indicate the corresponding person.

	EL BANQUERO QUE PRESTA DINERO	EL VENDEDOR DE SEGURO MÉDICO	AMBOS
1. Querría saber cuáles son todas tus deudas y todos tus ingresos.	☐	☐	☐
2. Tendría acceso a la historia de tu crédito.	☐	☐	☐
3. Te mandaría al médico para un chequeo.	☐	☐	☐
4. Te presentaría un plan para los pagos.	☐	☐	☐
5. Pediría a tu banco confirmación de los datos que presentas.	☐	☐	☐
6. Te cobraría interés.	☐	☐	☐
7. Te daría una explicación sobre varias opciones.	☐	☐	☐
8. Tomaría en cuenta tu edad al tomar su decisión.	☐	☐	☐

Actividad F Comprando una casa

Put the following steps to buy a house in order.

_____ Le presentarías todos los datos al banquero.

_____ Te mudarías a la casa nueva.

_____ Buscarías anuncios en el periódico que correspondieran (*correspond*) al precio y la zona preferidos.

_____ Indicarías la casa que quieres comprar.

_____ Firmarías la hipoteca.

_____ Irías a ver las casas de los anuncios que más te interesen.

_____ Decidirías cuánto puedes pagar y en qué zona quieres vivir.

Go to page 250 to complete ¡Acción! 4.

Vocabulario

La economía

Actividad A Unos sectores del producto nacional bruto

Indica el tipo de producción con que se asocia cada producto.

	LA INDUSTRIA	LA AGRICULTURA	LOS RECURSOS NATURALES
1. los metales preciosos	☐	☐	☐
2. el maíz	☐	☐	☐
3. los automóviles	☐	☐	☐
4. la carne	☐	☐	☐
5. el petróleo	☐	☐	☐
6. el tabaco	☐	☐	☐
7. el azúcar	☐	☐	☐
8. los productos farmacéuticos	☐	☐	☐

Actividad B ¿Qué factores influyen en la economía?

Empareja el sector económico con el factor más influyente.

1. _____ Una sequía (*drought*) sería terrible para...

2. _____ Después de un huracán habría mucha...

3. _____ Una huelga (*strike*) prolongada causaría problemas en...

4. _____ Si los tipos de interés son muy bajos, más gente pide...

5. _____ Una crisis en el sistema de los seguros médicos afectaría el mercado de...

6. _____ Con el desempleo muy alto el estado tendría que ofrecer más...

a. la industria automovilística.
b. los productos farmacéuticos.
c. la agricultura.
d. asistencia pública.
e. construcción.
f. préstamos de los servicios financieros.

Actividad C ¿Beneficiaría o perjudicaría (*would it harm*) la economía?

Indica si cada una de las condiciones económicas que escuchas beneficiaría o perjudicaría la economía nacional o si no la afectaría mucho.

	LA BENEFICIARÍA.	LA PERJUDICARÍA.	NO LA AFECTARÍA MUCHO.
1.	☐	☐	☐
2.	☐	☐	☐
3.	☐	☐	☐
4.	☐	☐	☐
5.	☐	☐	☐
6.	☐	☐	☐
7.	☐	☐	☐

Go to page 250 to complete **¡Acción! 5**.

Gramática

Si tuviera más dinero... Hypothetical Statements; Introduction to the Imperfect Subjunctive

Actividad D Si las circunstancias cambiaran...

Complete each sentence by matching the correct independent clause to the dependent clauses you hear. You will hear each dependent clause twice.

1. _____
2. _____
3. _____
4. _____
5. _____
6. _____
7. _____
8. _____

    a. tendrías una deuda muy alta.
    b. la gente sufriría menos.
    c. los supermercados venderían menos.
    d. probablemente no tendríamos empleo.
    e. serías riquísimo.
    f. no existiría el desempleo.
    g. correrías mucho riesgo (*risk*).
    h. tendría un efecto muy negativo en la economía.

Actividad E ¡Demasiadas excusas!

Imagine that a friend is constantly making excuses and blaming other people for his problems. Complete his excuses by matching each condition with the appropriate phrase to complete the statement.

1. _____ Si mi profesor explicara mejor las instrucciones…

2. _____ Si la clase no fuera a las ocho de la mañana…

3. _____ Si mis padres me dieran más dinero…

4. _____ Si mi compañero de habitación no roncara (*snore*) durante la noche…

5. _____ Si tuviera más tiempo para estudiar…

6. _____ Si no hiciera tanto frío…

a. yo no llegaría tarde.
b. yo dormiría mucho mejor.
c. yo sacaría mejores notas.
d. yo entendería lo que tengo que hacer.
e. yo haría más ejercicio afuera.
f. yo podría salir a comer de vez en cuando.

 Go to page 251 to complete ¡Acción! 6.

¡A escuchar!

Antes de escuchar

Paso 1 Vas a escuchar a Roberto y Marisela hablar del **Episodio 8** de *Sol y viento*. ¿De qué crees que van a hablar? ¿Qué opiniones van a expresar? Indica las declaraciones con las que estás de acuerdo.

☐ Marisela y Roberto ofrecen ideas para resolver el problema financiero de la familia Sánchez.

☐ Roberto y Marisela comparten sus opiniones, totalmente opuestas, sobre Carlos.

☐ Roberto piensa que la familia Sánchez va a tener que vender la viña.

☐ Marisela cree que Carlos es la única persona responsable de los problemas financieros de la familia Sánchez.

Paso 2 Estudia las siguientes palabras y expresiones antes de escuchar la conversación entre Roberto y Marisela.

marchar	to go; to work
se hubieran preocupado	(they) would have cared
ganancias	earnings
postura	position, attitude

A escuchar

Ahora escucha la conversación.

Después de escuchar

Paso 1 Averigua tu respuesta de **Antes de escuchar, Paso 1.**

Paso 2 Contesta las siguientes preguntas basándote en la conversación entre Roberto y Marisela.

1. Roberto y Marisela tienen opiniones similares sobre las responsabilidades de doña Isabel y María en la viña.

   ☐ cierto

   ☐ falso

2. Roberto piensa que, con el dinero que ha producido la viña, María...

   ☐ pagó su vivienda en Santiago.

   ☐ cubre los gastos de la excavación antropológica.

   ☐ pagó sus estudios.

3. Roberto justifica las acciones de Carlos.

   ☐ cierto

   ☐ falso

4. Marisela cree que doña Isabel y María no han podido trabajar en «Sol y viento» por el control que Carlos tenía sobre todo lo relacionado con el negocio.

   ☐ cierto

   ☐ falso

Estrategia
In this lesson you have learned that the conditional is used to speculate about what you would do. Remember that when the conditional is used in an *if*-clause, it expresses a contrary-to-fact situation. In this case, the verb in the *if*-clause is in the imperfect subjunctive.

(continued)

Paso 3 Escucha la conversación entre Roberto y Marisela otra vez. Fíjate en el uso del condicional en la conversación y toma apuntes sobre las soluciones que proponen para la situación financiera de la viña «Sol y viento» y también sobre las desventajas y posibles problemas que mencionan.

MODELO: POSIBLES SOLUCIONES: → Conseguir y recibir una inversión de capital.
DESVENTAJAS O PROBLEMAS: → La viña tiene muchas deudas y es muy arriesgado invertir en ella.

POSIBLES SOLUCIONES AL PROBLEMA FINANCIERO	DESVENTAJAS O PROBLEMAS DE CADA SOLUCIÓN
1. _____	_____
_____	_____
2. _____	_____
_____	_____
3. _____	_____
_____	_____
4. _____	_____
_____	_____

Paso 4 Escribe tres o cuatro oraciones sobre las soluciones propuestas por Roberto y Marisela que para ti son las más razonables (*reasonable*). Explica por qué.

_____

_____

_____

_____

_____

_____

 ¡Acción!

¡Acción! 1 Tu presupuesto mensual

Describe aspectos de tu presupuesto mensual sin dar cantidades exactas.

> MODELO: el sueldo: Recibo un cheque cada dos semanas por mi trabajo en el cine.

1. otros ingresos

   _____

2. las cuentas mensuales

   _____

3. los gastos de los estudios

   _____

4. los gastos de diversiones (ir al cine, a los restaurantes, etcétera)

   _____

5. el uso del cajero automático y las comisiones del banco

   _____

6. el interés de tus cuentas bancarias

   _____

¡Acción! 2 ¿Cómo está progresando el semestre?

Imagina que estás en una de tus clases. ¿Qué está pasando? Describe tres cosas. Hazlo para dos clases.

> MODELO: la clase de español →
> Estamos hablando del dinero. El profesor nos está presentando los verbos en el progresivo. Estoy preparándome para el examen.

1. curso: _____

   a. _____

   b. _____

   c. _____

2. curso: _____

   a. _____

   b. _____

   c. _____

¡Acción! 3 ¿Y ahora qué?

Lee la descripción y luego escríbele consejos a Gregorio sobre cómo manejar bien sus finanzas.

Descripción: Gregorio Bravo vive con su esposa e hijas en un apartamento. Con la ayuda de muchos préstamos, él asistió a la universidad y acaba de (*he just*) graduarse. Consiguió trabajo, pero lejos de donde vive. Sus prioridades absolutas (*top*) son su matrimonio, sus hijos y comprar una casa. ¿Cómo debería manejar su dinero?

> MODELO: los préstamos →
> Gregorio debe pagar lo mínimo para sus préstamos y comprar cosas necesarias para la familia.

1. el sueldo

   _____

2. el alquiler

   _____

3. los ahorros

   _____

4. el seguro médico

   _____

5. la casa

   _____

6. otro: _____

   _____

¡Acción! 4 ¿Sería posible conseguir más dinero?

Escribe una lista de lo que uno haría para conseguir un aumento de sueldo (*raise*).

> MODELO: Le escribiría una carta al jefe (*boss*) explicándole cómo contribuye a la empresa.

1. _____
2. _____
3. _____
4. _____
5. _____
6. _____

¡Acción! 5 ¿Va bien la economía?

En tu opinión, ¿cómo está la economía nacional?

☐ Hay prosperidad.   ☐ Hay una recesión.   ☐ Hay una depresión.

Ahora haz una lista de los factores económicos, políticos y sociales que crearon la economía actual (*current*).

    MODELO: Hay una recesión porque tenemos una deuda demasiado grande.

1. _____

2. _____

3. _____

4. _____

5. _____

6. _____

¡Acción! 6 Si tú manejaras el presupuesto nacional...

Explica en veinticinco a cincuenta palabras qué porcentaje gastarías en los siguientes aspectos del presupuesto nacional. **¡OJO!** Tu porcentaje debe sumar al 100 por ciento.

    MODELO: la instrucción pública →

          Si yo manejara el presupuesto nacional destinaría el 50 por ciento a la instrucción pública para construir escuelas de alta calidad y bajo precio.

la instrucción pública	el medio ambiente
la defensa	las artes
la Seguridad Social	otra categoría: _____

_____

_____

_____

_____

_____

_____

_____

_____

LECCIÓN 8B

Los medios de comunicación

OBJETIVOS

IN THIS LESSON, YOU WILL CONTINUE TO PRACTICE:

- talking about the media, keeping up with current events, and types of TV programs

- talking about the future using the future tense

- talking about how the media presents information and how we react to it

- using the subjunctive to express doubt and disbelief

- talking about societal concerns

- using the subjunctive to talk about what you want to happen

Vocabulario

¿Cómo te informas?

Getting Information

Actividad A ¿En qué medio sale?

Indica en qué medio de comunicación saldrían las siguientes noticias ¡OJO! pueden salir en más de uno.

	EL NOTICIERO NACIONAL	EL PERIÓDICO LOCAL	UNA REVISTA DE MODA
1. El equipo de la escuela gana el campeonato regional de basquetbol.	☐	☐	☐
2. Anuncian los votos de los candidatos para presidente del país.	☐	☐	☐
3. Una entrevista con la nueva modelo más popular.	☐	☐	☐
4. Una entrevista con el jefe del Departamento de Defensa.	☐	☐	☐
5. Un reportaje a fondo (*probing*) sobre los gastos del ayuntamiento (*city hall*).	☐	☐	☐
6. Un ensayo editorial sobre la colección de primavera presentada por los diseñadores (*designers*) de moda de Milán.	☐	☐	☐
7. Una serie de fotos de un incendio en el centro de la ciudad.	☐	☐	☐

Actividad B Los medios de comunicación

Empareja cada una de las oraciones que escuchas con el medio correspondiente. Vas a oír las oraciones dos veces.

1. _____
2. _____
3. _____
4. _____
5. _____
6. _____
7. _____
8. _____

a. el programa de entrevistas
b. el pronóstico del tiempo
c. los anuncios publicitarios
d. el programa deportivo
e. el noticiero
f. la comedia
g. el concurso
h. el drama

Actividad C Los titulares

Empareja el titular con la sección del periódico donde se lee.

1. _____ Pedro Cuevas jugará en el equipo nacional
2. _____ El gobernador se equivoca con su nuevo plan para las escuelas
3. _____ La deuda nacional crece el 8,9 por ciento en un año
4. _____ El Museo de Arte Moderno muestra la obra de un artista anciano
5 _____ El presidente es reelegido
6. _____ Se busca secretario ejecutivo

a. en la portada (*front page*)
b. Deportes
c. Cultura
d. Anuncios
e. Economía
f. Opiniones

 Go to page 265 to complete ¡Acción! 1.

Gramática

¿Qué pasará?   Introduction to the Future Tense

Actividad D El futuro

Lee cada una de las declaraciones a continuación e indica el personaje correspondiente de *Sol y viento*.

1. _____ Nunca podrá volver a vivir o trabajar en la viña.
2. _____ Regresará a México pronto.
3. _____ Seguirá trabajando en la viña como antes.
4. _____ Se quedará en Chile por tiempo indeterminado.
5. _____ Visitará a Jaime de vez en cuando.
6. _____ Estará de mejor salud pronto (así esperamos).
7. _____ Tendrá que participar más en los negocios de la viña.

a. Carlos
b. doña Isabel
c. Jaime
d. María
e. Mario
f. don Paco
g. Traimaqueo

Actividad E Mi propio futuro

Listen to what Emilio says about his own future. Then indicate whether the following statements are logical or not. You can listen more than once if you like.

		LÓGICO	ILÓGICO
1.	Emilio se irá a vivir en otro estado.	☐	☐
2.	Emilio ganará mucho dinero en su nuevo trabajo.	☐	☐
3.	Tendrá que alquilar un camión *U-Haul* pronto.	☐	☐
4.	Algunos de sus nuevos vecinos tendrán perros o gatos.	☐	☐
5.	Muchas personas dependerán de Emilio en su trabajo.	☐	☐
6.	Emilio viajará mucho fuera del estado por su trabajo.	☐	☐

Go to page 265 to complete ¡**Acción!** 2.

SEGUNDA PARTE

Vocabulario

No me convence.   **Functions of the Media**

Actividad A ¡Qué programa!

Indica el comentario que *no* oirías sobre el programa descrito (*described*).

1. Es un programa muy atrevido.
   - ☐ ¡Qué escandaloso!
   - ☐ ¡Qué aburrido!
2. Es un programa cursi.
   - ☐ ¡Qué apropiado!
   - ☐ ¡Qué ridículo!
3. Es un programa gracioso.
   - ☐ ¡Qué entretenido!
   - ☐ ¡Qué pérdida de tiempo!

(continued)

4. Es un programa chocante.

   ☐ ¡Qué exagerado!

   ☐ ¡Qué objetivo!

5. Es un programa controvertido.

   ☐ ¡Qué conservador!

   ☐ ¡Qué interesante!

6. Es un programa informativo.

   ☐ ¡Qué sensacionalista!

   ☐ ¡Qué objetivo!

Actividad B Descripciones

Empareja cada una de las oraciones que escuchas con el adjetivo o verbo correspondiente. Vas a oír las oraciones dos veces.

1. _____
2. _____
3. _____
4. _____
5. _____
6. _____
7. _____

a. manipular
b. criticar
c. violento
d. gracioso
e. parcial
f. objetivo
g. informativo

Actividad C ¿De qué se trata?

Empareja frases de las dos columnas para completar las oraciones.

1. _____ Los noticieros se tratan de…
2. _____ Las telenovelas se tratan de…
3. _____ Los concursos se tratan de…
4. _____ Los dramas policíacos se tratan de…
5. _____ Las comedias se tratan de…
6. _____ Los reportajes se tratan de…

a. situaciones melodramáticas de los personajes.
b. una investigación a fondo de algún problema.
c. crímenes.
d. situaciones cómicas con diálogo chistoso (*funny*).
e. los acontecimientos más importantes del día.
f. una competición para ganar dinero.

Go to page 265 to complete ¡Acción! 3.

Gramática

Dudo que lo sepa.   Subjunctive of Doubt, Denial, and Uncertainty

Actividad D   ¿Quién lo dice?

The evening news presents a story about a crime that has just occurred in the city. Match the quote with the person involved in the story.

1. _____ No puede ser que yo sea el culpable (*guilty one*).

2. _____ No hay duda de que el culpable es él; lo he visto yo.

3. _____ No puedo creer que salgan estas imágenes violentas en la televisión.

4. _____ Necesito más luz porque no estoy seguro de que salgan bien estas imágenes.

5. _____ Según Roberto Vásquez, es verdad que el crimen aumenta (*is growing*) en esta ciudad. Ahora, un informe especial.

6. _____ Un testigo me dice que no es cierto que la víctima, Laura Sánchez, sea la única persona herida (*wounded*) en la confrontación.

a. el reportero
b. el presentador
c. el testigo
d. el fotógrafo
e. el criminal acusado
f. el televidente (*TV viewer*)

Actividad E   ¿Está seguro?

Indicate which phrase best matches the meaning of each sentence that you hear.

	ESTÁ SEGURO DE QUE ES VERDAD.	NO ESTÁ SEGURO.	ESTÁ SEGURO DE QUE ES MENTIRA.
1.	☐	☐	☐
2.	☐	☐	☐
3.	☐	☐	☐
4.	☐	☐	☐
5.	☐	☐	☐
6.	☐	☐	☐

Go to page 266 to complete ¡Acción! 4.

Nombre _____ *Fecha* _____ *Clase* _____

TERCERA PARTE

Vocabulario

La responsabilidad cívica   **Civic Duty and Citizenship**

Actividad A **¿Quiénes se preocupan por el problema?**

Empareja cada uno de los problemas con el lugar o la organización correspondiente.

1. _____ el medio ambiente
2. _____ los crímenes violentos
3. _____ el analfabetismo
4. _____ la drogadicción
5. _____ el SIDA
6. _____ los derechos humanos

   a. la Clínica Betty Ford
   b. Greenpeace
   c. las escuelas
   d. Amnistía Internacional
   e. las clínicas; las empresas farmacéuticas
   f. la cárcel (*jail*)

 Actividad B **¿Existe una solución?**

Escucha las declaraciones e indica si presentan un punto de vista pesimista u optimista.

	PESIMISTA	OPTIMISTA
1.	☐	☐
2.	☐	☐
3.	☐	☐
4.	☐	☐
5.	☐	☐
6.	☐	☐
7.	☐	☐
8.	☐	☐

Actividad C ¿Mejor o peor?

Paso 1 Empareja cada uno de los problemas con la oración correspondiente.

1. _____ el hambre
2. _____ el analfabetismo
3. _____ la drogadicción
4. _____ el SIDA
5. _____ los derechos humanos
6. _____ el medio ambiente
7. _____ la corrupción de los políticos

a. El gobierno apoya el desarrollo de programas que usan energía solar.
b. Los voluntarios en las bibliotecas enseñan a leer.
c. Las empresas contribuyen a la campaña electoral del gobernador, y él les da contratos lucrativos.
d. El seguro médico paga los programas de desintoxicación.
e. Aprueban una ley que elimina los almuerzos gratis (*free*) en las escuelas.
f. El Estado no permite el comercio con los países que maltratan a (*mistreat*) sus presos (*prisoners*) políticos.
g. No se ofrecen agujas (*needles*) limpias a los drogadictos.

Paso 2 Ahora indica si la información de la frase contribuye al problema o crea una solución al problema.

	CONTRIBUYE AL PROBLEMA.	CREA UNA SOLUCIÓN.
1.	☐	☐
2.	☐	☐
3.	☐	☐
4.	☐	☐
5.	☐	☐
6.	☐	☐
7.	☐	☐

Go to page 266 to complete ¡Acción! 5.

Nombre _____ Fecha _____ Clase _____

Gramática

¿Qué quieres que haga?　　　　**Subjunctive of Volition and Desire**

Actividad D　¿Qué hago?

Listen to the sentences and indicate what the speaker is telling you to do.

	HAZLO.	NO IMPORTA.	NO LO HAGAS.
1.	☐	☐	☐
2.	☐	☐	☐
3.	☐	☐	☐
4.	☐	☐	☐
5.	☐	☐	☐
6.	☐	☐	☐
7.	☐	☐	☐
8.	☐	☐	☐

Actividad E　¿En qué orden?

Put the sentences in order to describe how to solve one of society's problems.

_____ Los políticos recomiendan que se aprueben leyes para resolver el problema.

_____ Y claro, los políticos quieren que la gente esté contenta.

_____ Muchas cosas van mal en las escuelas y es necesario que identifiquemos el problema.

_____ Le sugerimos a la gente que les comunique ese interés a los políticos.

_____ Le decimos a la gente que se interese en el problema.

_____ Es preciso que le presentemos el problema a la gente.

Actividad F　Los derechos y los deberes

Indicate if the following rules prohibit, permit, or oblige certain activities.

		PROHÍBE	PERMITE	OBLIGA
1.	No se permite que la gente fume en los aviones.	☐	☐	☐
2.	A todos los que entran en el país, se les pide que presenten sus pasaportes.	☐	☐	☐
3.	Es preciso que los edificios públicos tengan acceso fácil para los minusválidos (*handicapped*).	☐	☐	☐
4.	La luz roja del semáforo (*traffic light*) indica que no pasen los coches.	☐	☐	☐

(continued)

Lección 8B　**261**

	PROHÍBE	PERMITE	OBLIGA
5. El jefe les dice a los meseros que verifiquen la edad de los clientes del bar.	☐	☐	☐
6. Las leyes dicen que se puede mantener armas.	☐	☐	☐

Go to page 267 to complete ¡Acción! 6.

Para escribir

Antes de escribir

Paso 1 Para esta actividad vas a escribir sobre los factores que han contribuido al engaño de Carlos y si piensas que él merece otra oportunidad o no. Para comenzar, indica si estás de acuerdo o no con las siguientes afirmaciones sobre Carlos.

	ESTOY DE ACUERDO.	NO ESTOY DE ACUERDO.
1. Era muy machista.	☐	☐
2. Sólo pensaba en sí mismo, no en los demás.	☐	☐
3. Se sintió obligado a quedarse a trabajar en la viña después de la muerte de su padre.	☐	☐
4. Invirtió dinero en compañías tecnológicas para su propio beneficio, no por el bien de la viña.	☐	☐
5. Trataba mal a sus empleados (como Traimaqueo) a causa de su propia inseguridad.	☐	☐
6. Le tenía mucha envidia a su hermana María.	☐	☐
7. Pensaba que su madre quería más a María que a él.	☐	☐
8. Invirtió dinero para demostrar (show) a su familia que él también era inteligente.	☐	☐
9. Estaba resentido por el éxito profesional de su hermana.	☐	☐

Paso 2 Ahora indica si le darías otra oportunidad a Carlos para quedarse a trabajar en la viña. ¿Qué afirmaciones del **Paso 1** apoyan tu decisión? Piensa en tres argumentos más y escríbelos aquí.

1. _____

2. _____

3. _____

A escribir

Paso 1 Usa la información del **Paso 1** para escribir un borrador en una hoja de papel aparte. Empieza tu composición con una de las siguientes oraciones.

- Si yo fuera Isabel, le daría otra oportunidad a Carlos.
- Si yo fuera Isabel, le daría a Carlos las mismas opciones que ella le dio.

Las siguientes palabras y expresiones pueden serte útiles.

además (de)	besides, in addition (to)
(no) lo merece	he (doesn't) deserve it
por eso	that's why, therefore
por fin	finally
sin embargo	however

Paso 2 Repasa bien lo que has escrito. ¿Quieres agregar oraciones para hacer la narración más interesante?

Paso 3 Intercambia tu composición con la de un compañero (una compañera) de clase. ¿Puedes pensar en otro tipo de información que tu compañero/a pueda incluir? Revisa los siguientes puntos.

☐ el significado y el sentido en general

☐ la concordancia entre sustantivo y adjetivo

☐ la concordancia entre sujeto y verbo

☐ la ortografía

Al entregar la composición

Usa los comentarios de tu compañero/a de clase para escribir una versión final de tu composición. Repasa los siguientes puntos sobre el lenguaje y luego entrégasela a tu profesor(a).

☐ el uso correcto del pretérito y del imperfecto

☐ el uso correcto del subjuntivo

☐ el uso correcto de palabras de transición

 ¡Acción!

¡Acción! 1 ¿Estás al corriente?

Escoge cinco de las cosas de la lista y para cada una describe con qué frecuencia la lees, escuchas o ves, si te gusta o no y por qué es importante. Si puedes, nombra tu favorita.

el concurso	el programa de entrevistas
los documentales	los realities
el noticiero	la revista
el periódico	la telenovela

1. _____

2. _____

3. _____

4. _____

5. _____

¡Acción! 2 ¿Tendremos una mujer presidente?

Escribe cinco pronósticos (*predictions*) sobre lo que pasará en tu vida o en la sociedad en general. Usa cinco verbos diferentes.

1. _____

2. _____

3. _____

4. _____

5. _____

¡Acción! 3 La programación y el horario

Explica el tipo de programa que fijarías (*you would schedule*) para cada hora indicada. Usa vocabulario de esta sección en tus oraciones.

MODELO: 9:00 de la mañana → Un programa para los niños sería apropiado para esa hora porque muchos adultos están trabajando, pero los niños pequeños están en casa.

1. 4:00 de la mañana

_____

2. 7:00 de la mañana

_____

3. mediodía

_____

4. 6:00 de la tarde

_____

5. 9:00 de la noche

_____

6. medianoche

_____

¡Acción! 4   ¿Tú lo crees?

¿Crees todo lo que ves en la televisión? Algunos opinan que los programas, los anuncios y aun los noticieros presentan una imagen falsa o distorsionada del mundo. Otros no están de acuerdo. Escribe de veinticinco a cincuenta palabras sobre tus opiniones de las imágenes que se presentan en la televisión. Usa algunas de las siguientes expresiones en tus oraciones.

Dudo que…	Es posible que…	No estoy seguro que…
Es imposible que…	No pienso que…	No puedo creer que…

_____

_____

_____

_____

_____

_____

_____

¡Acción! 5   Preocupaciones de la sociedad

Escoge dos temas a continuación y escribe de quince a veinticinco palabras sobre cada uno.

1. Nombra dos derechos humanos que consideras esenciales y explica por qué son esenciales.
2. Nombra dos factores políticos, sociales o económicos que contribuyen al analfabetismo y ofrece unas ideas para solucionarlo.
3. Nombra tres actividades que, en tu opinión, son importantes para ser un ciudadano responsable. ¿Las haces? Explica.
4. ¿Qué problema de la sociedad te preocupa más? ¿Es un problema político? ¿social? ¿económico? ¿religioso? ¿medioambiental? ¿Por qué te preocupa?

tema: _____

_____

_____

_____

_____

_____

tema: _____

_____

_____

_____

_____

_____

¡Acción! 6   ¿Cómo mejorar la enseñanza?

Muchos políticos y ciudadanos creen que el sistema de educación pública en este país tiene muchos problemas. ¿Estás de acuerdo? Completa las oraciones para expresar tus ideas sobre cómo proporcionar una educación de alta calidad a todos los ciudadanos.

MODELO: Es necesario que… → Es necesario que les paguen más a los maestros.

1. Recomiendo que… _____

2. Es necesario que… _____

3. Yo digo que… _____

4. No permito que… _____

5. Sugiero que… _____

6. No recomiendo que… _____

Un brindis por el futuro*

¡A escuchar!

Antes de escuchar

Paso 1   Vas a escuchar a Roberto y Marisela hablar del **Episodio 9** de *Sol y viento*. ¿De qué crees que van a hablar? ¿Qué opiniones van a expresar? Indica las declaraciones con las que estás de acuerdo.

☐ Marisela cree que María va a darle una oportunidad a Jaime.

☐ Roberto piensa que todo entre Jaime y María ha sido resuelto de una manera satisfactoria.

☐ Tanto Marisela como Roberto están de acuerdo en que Jaime tiene todavía mucho que probarle a María.

☐ Roberto no cree que María esté lista para una relación con Jaime.

---

* Just as there is no new vocabulary or grammar presented in **Episodio 9** of your textbook, this corresponding part of the *Manual* contains a wrap-up of the *Sol y viento* film with **¡A escuchar!** and **Para escribir** sections.

Paso 2 Estudia las siguientes palabras y expresiones antes de escuchar la conversación entre Roberto y Marisela.

acabar con	to do away with
cosecha	harvest
arriesgarse	to take a risk
hacer caso a	to pay attention to

 **A escuchar**

Ahora escucha la conversación.

Después de escuchar

Paso 1 Averigua tus respuestas para **Antes de escuchar, Paso 1.**

Paso 2 Contesta las siguientes preguntas, basándote en la conversación entre Roberto y Marisela.

1. Marisela cree que María...

   ☐ quiere que Jaime trabaje en «Sol y viento».

   ☐ no confía en Jaime.

   ☐ es orgullosa y no puede perdonar a Jaime.

2. Marisela y Roberto están de acuerdo en que...

   ☐ María está en control de sus emociones.

   ☐ María siente por Jaime lo mismo que él siente por ella, pero no lo dice.

   ☐ María tendría que arriesgarse con sus emociones para aceptar a Jaime.

3. ¿Cuál de las siguientes opiniones *no* da Roberto sobre María?

   ☐ María piensa con el cerebro y no tanto con el corazón.

   ☐ María no es de fiar.

   ☐ María es cabezona.

4. Marisela y Roberto tienen dudas similares sobre el futuro de la viña «Sol y viento».

   ☐ cierto   ☐ falso

Estrategia

You have already learned about several uses of the subjunctive in Spanish. Keep in mind that information contained in the main clause determines whether the subjunctive needs to be used in the dependent clause. It is therefore extremely important that you pay attention to the main clause and understand what it expresses, since it will tell you whether the subjunctive is needed or not in the clause that follows.

Paso 3 Escucha la conversación entre Roberto y Marisela otra vez. Fíjate en el uso del subjuntivo y apunta seis de los verbos que oyes. Luego, escucha otra vez para apuntar la cláusula principal de las oraciones de los verbos en el subjuntivo que apuntaste. Finalmente, indica lo que expresa la cláusula principal. Sigue el modelo.

MODELO: verbo en el subjuntivo → pienses
cláusula principal → Nadie espera
¿Qué expresa? → nonexistent antecedent

VERBO EN EL SUBJUNTIVO	CLÁUSULA PRINCIPAL	¿QUÉ EXPRESA?
1.		
2.		
3.		
4.		
5.		
6.		

Paso 4 Escribe tres o cuatro oraciones en las cuales indicas si estás de acuerdo con Marisela o con Roberto en cuanto al futuro de Jaime y María.

_____
_____
_____
_____
_____
_____

Para escribir

Antes de escribir

Recuerda que la machi comenzó la película narrando una historia y la voz del narrador dice: *She speaks of how the gods seek to keep harmony on the earth.* Según esta idea, las varias resoluciones, incluyendo las relaciones entre Jaime y María, son manipuladas por los espíritus. En esta actividad, vas a escribir sobre la «intervención» de los espíritus en las relaciones entre Jaime y María.

Paso 1 Haz una lista de todas las apariencias del «hombre misterioso». ¿Recuerda quién es? Es el que aparece y desaparece en el prólogo. Puedes trabajar con un compañero (una compañera). Sigue el modelo.

(continued)

LUGAR O ESCENA	LO QUE HIZO	CONSECUENCIA
MODELO: el Parque Forestal	le vendió un papelito de la suerte a Jaime	Jaime, por estar distraído, se chocó con María

Paso 2 Ahora piensa en cómo vas a comenzar tu composición. ¿Con una pregunta? ¿con una oración? Compara los siguientes comienzos para estimular tus ideas.

MODELOS: ¿Has pensado alguna vez en que lo que te pasa se debe al destino? ¿Hay «otro mundo» que nos observa y que asegura que todo resulte de una manera y no otra? Esta es la premisa de *Sol y viento*.

Desde épocas remotas el hombre siempre ha creído en algo llamado «el destino». Predeterminado por un plan divino o por otras fuerzas, uno no crea su destino; el destino le toca. Esta es la premisa de *Sol y viento*.

A escribir

Paso 1 Usa las ideas de **Antes de escribir** para escribir un borrador en una hoja de papel aparte.

Paso 2 Repasa bien lo que has escrito. ¿Quieres agregar oraciones para hacer la narración más interesante?

Paso 3 Intercambia tu composición con la de un compañero (una compañera) de clase. Revisa los siguientes puntos.

☐ el significado y el sentido en general

☐ la concordancia entre sustantivo y adjetivo

☐ la concordancia entre sujeto y verbo

☐ la ortografía

Al entregar la composición

Usa los comentarios de tu compañero/a de clase para escribir una versión final de tu composición. Repasa los siguientes puntos sobre el lenguaje y luego entrégasela a tu profesor(a).

☐ el uso correcto del pretérito y del imperfecto

☐ el uso correcto del subjuntivo

☐ el uso correcto de palabras de transición

Answer Key

Lección preliminar

PRIMERA PARTE

Vocabulario

Actividad A   3, 5, 4, 2, 1

Gramática

Actividad C   **1.** Guatemala   **2.** Italia   **3.** Rusia   **4.** Cuba   **5.** Francia   **6.** Ecuador   **7.** España
8. Venezuela   **Actividad E**   **1.** b   **2.** c   **3.** b   **4.** d   **5.** a   **6.** d

SEGUNDA PARTE

Vocabulario

Actividad A   **1.** b   **2.** c   **3.** a   **4.** b   **5.** b   **6.** a   **7.** b   **8.** a   **Actividad C**   **1.** e   **2.** g   **3.** b   **4.** h   **5.** d
6. a   **7.** c   **8.** f

Gramática

Actividad E   **1.** b (no)   **2.** d (no)   **3.** a (sí)   **4.** b (no)   **5.** a (sí)   **6.** a (no)   **7.** d (no)   **8.** c (sí)

TERCERA PARTE

Vocabulario

Actividad B   **1.** cierto   **2.** falso   **3.** cierto   **4.** cierto   **5.** cierto   **6.** falso

Gramática

Actividad C   **1.** b   **2.** a   **3.** b   **4.** b   **5.** a   **6.** c   **7.** b   **8.** a

Lección 1A

PRIMERA PARTE

Vocabulario

Actividad A   **1.** 793-4106   **2.** 549-4331   **3.** 879-3132   **4.** 996-4131   **5.** 931-3486   **6.** 286-0294 **7.** 631-7254
8. 403-8679   **Actividad B**   **1.** $16 + 6 = 22$ **2.** $30 - 13 = 17$ **3.** $4 + 11 = 15$ **4.** $3 + 25 = 28$
5. $8 - 2 = 6$ **6.** $10 + 20 = 30$ **7.** $14 - 5 = 9$ **8.** $15 - 2 = 13$ **Actividad C**   **1.** falso   **2.** cierto
3. falso   **4.** cierto   **5.** falso   **6.** falso   **7.** cierto   **8.** falso

Gramática

Actividad E   **1.** f   **2.** c   **3.** a   **4.** e   **5.** h   **6.** d   **7.** g   **8.** b

SEGUNDA PARTE

Vocabulario

Actividad B   **1.** b   **2.** a   **3.** a   **4.** c   **5.** b   **6.** b

Gramática

Actividad E **1.** d **2.** c **3.** b **4.** e **5.** a **6.** g **7.** h **8.** f **Actividad F** **1.** c **2.** c **3.** c **4.** a **5.** a **6.** b **7.** a **8.** b

TERCERA PARTE

Vocabulario

Actividad B **1.** b **2.** a **3.** b **4.** b **5.** a **6.** b **7.** a **8.** a **Actividad C** **1.** b **2.** a **3.** c **4.** b **5.** b **6.** a

Gramática

Actividad D **1.** b **2.** b **3.** a **4.** c **5.** a **6.** c

¡A escuchar!

Después de escuchar
Paso 1 They offer opinions about what happened. **Paso 2** **1.** no **2.** sí **3.** Cree que tiene un secreto.
Paso 3 (*Order may vary.*) **1.** servil **2.** posiblemente **3.** expresión **4.** siniestra **5.** preocupación

Lección 1B

PRIMERA PARTE

Vocabulario

Actividad B **1.** unas chicas **2.** la informática **3.** en la biblioteca **4.** los lunes y miércoles **5.** a mi amigo **6.** en la sala de clase **7.** una película española **8.** Necesito comprar un libro. **Actividad C** **1.** a **2.** b **3.** e **4.** f **5.** d **6.** c

Gramática

Actividad E **1.** c **2.** e **3.** f **4.** a **5.** g **6.** h **7.** b **8.** d

SEGUNDA PARTE

Vocabulario

Actividad C **Paso 1** **1.** S **2.** N **3.** N **4.** S **5.** N **6.** S **7.** N **8.** S **Paso 2** **1.** invierno **2.** invierno **3.** invierno **4.** verano **5.** verano **6.** invierno **7.** invierno **8.** verano

Gramática

Actividad E **1.** d **2.** b **3.** f **4.** c **5.** a **6.** e

TERCERA PARTE

Vocabulario

Actividad B **1.** e **2.** c **3.** f **4.** a **5.** b **6.** d **Actividad C** **1.** c **2.** a **3.** g **4.** b **5.** f **6.** h **7.** e **8.** d

Gramática

Actividad E **1.** a **2.** b **3.** a **4.** a **5.** b **6.** b **7.** a **8.** a

Lección 2A

Vocabulario

Actividad A 1. 71 **2.** 42 **3.** 93 **4.** 68 **5.** 55 **6.** 39 **7.** 80 **8.** 100 **Actividad B** **Paso 1** **1.** Leticia (36), Nancy (28); Leticia **2.** Sergio (16), Marcela (21); Marcela **3.** Rosa María (42), Marcos (43); Marcos **4.** Rodrigo (84), Leonora (59); Rodrigo **5.** Alba (70), Gabriela (63); Alba **6.** Pablo (15), Andrés (33); Andrés **Paso 2** Rodrigo es el mayor de todos. **Actividad C** **1.** adulto **2.** adolescente **3.** adulto **4.** anciano **5.** adolescente **6.** anciano **7.** adulto **8.** anciano

Gramática

Actividad E **Paso 1** **1.** no **2.** sí **3.** no **4.** no **5.** sí **6.** sí

Vocabulario

Actividad B **1.** una universidad hispana **2.** una universidad norteamericana **3.** una universidad hispana **4.** una universidad norteamericana **5.** una universidad norteamericana **6.** una universidad norteamericana **Actividad C** **1.** no **2.** no **3.** sí **4.** sí **5.** no **6.** sí **7.** no **8.** no

Gramática

Actividad E **1.** e **2.** f **3.** c **4.** a **5.** d **6.** b

Vocabulario

Actividad A **1.** c **2.** a **3.** c **4.** b **5.** a **6.** b **7.** c **Actividad C** **1.** e **2.** g **3.** d **4.** h **5.** f **6.** a **7.** b **8.** c

Gramática

Actividad D **1.** por la tarde **2.** por la noche **3.** por la noche **4.** por la mañana **5.** por la tarde/noche **6.** por la mañana **7.** por la tarde/noche **Actividad F** **1.** sí **2.** sí **3.** no **4.** no **5.** no **6.** sí

¡A escuchar!

Después de escuchar
Paso 1 Roberto and Marisela talk about Jaime and María and offer their opinions about them.
Paso 2 **1.** sí **2.** no **3.** 30 **4.** Piensa que Jaime es una persona privada. **Paso 3** **2.** pienso, pensar, e → ie **3.** tienen, tener, e → ie **4.** miente, mentir, e → ie **5.** recuerdo, recordar, o → ue **6.** piensas, pensar, e → ie **7.** quiere, querer, e → ie

Lección 2B

Vocabulario

Actividad B **1.** c **2.** b **3.** d **4.** a **5.** d **6.** c **7.** b **8.** d **Actividad C** **1.** los calcetines **2.** el pijama **3.** el suéter **4.** los pantalones **5.** la camisa **6.** la camiseta

Gramática

Actividad E **1.** d **2.** g **3.** a **4.** b **5.** f **6.** c **7.** i **8.** h **9.** e

SEGUNDA PARTE

Vocabulario

Actividad C **1.** d **2.** g **3.** b **4.** f **5.** h **6.** e **7.** a **8.** c

Gramática

Actividad E **1.** b **2.** c **3.** a **4.** c **5.** a **6.** d

TERCERA PARTE

Vocabulario

Actividad A 5, 3, 7, 6, 1, 8, 9, 2, 4 **Actividad C** **1.** d **2.** e **3.** a **4.** f **5.** b **6.** c

Gramática

Actividad D **Paso 2** Normalmente Eduardo es una persona divertida, pero hoy está de mal humor.
Actividad E **1.** descripción **2.** cambio **3.** cambio **4.** descripción **5.** cambio **6.** cambio
Actividad F **1.** Es **2.** es **3.** Está **4.** Es **5.** es **6.** está **7.** Está **8.** está

Lección 3A

PRIMERA PARTE

Vocabulario

Actividad B **1.** b **2.** a **3.** c **4.** b **5.** c **6.** a **Actividad C** **1.** b **2.** c **3.** c **4.** a **5.** a **6.** b

Gramática

Actividad D **1.** Sabes **2.** Conoces **3.** Conoces **4.** Conoces **5.** Sabes **6.** Conoces **Actividad E**
1. David Letterman conoce la ciudad de Nueva York. (lógico) **2.** Shania Twain sabe jugar al fútbol.
(ilógico) **3.** Celene Dion sabe hablar chino. (ilógico) **4.** Einstein sabe mucho de física. (lógico)
5. Madonna sabe cantar. (lógico) **6.** George W. Bush sabe hablar muchos idiomas. (ilógico) **7.** Salma
Hayek conoce a Antonio Banderas. (lógico) **8.** Carlos Santana sabe tocar la trompeta. (ilógico)
Actividad F **1.** a **2.** a **3.** b **4.** b **5.** b **6.** a

SEGUNDA PARTE

Vocabulario

Actividad A **1.** c **2.** b **3.** e **4.** h **5.** g **6.** d **7.** a **8.** f **Actividad C** **1.** c **2.** b **3.** a **4.** a
5. c **6.** c

Gramática

Actividad E **1.** a **2.** b **3.** b **4.** c **5.** b **6.** c **Actividad F** **1.** A man is calling her. **2.** My father
kisses my mother. **3.** A child is looking for her. **4.** Our parents help us. **5.** She wants to call him.
6. The children detest them.

TERCERA PARTE

Vocabulario

Actividad A 1. d 2. e 3. c 4. a 5. f 6. b **Actividad C** 1. ilógico 2. ilógico 3. lógico 4. lógico 5. ilógico 6. ilógico

Gramática

Actividad D 1. más 2. menos 3. menor 4. mayor 5. más 6. más **Actividad F** 1. b 2. a 3. b 4. c 5. c 6. c

¡A escuchar!

Después de escuchar
Paso 1 A Marisela no le gusta la actitud de Carlos. / Roberto y Marisela piensan que Carlos no trata bien a sus empleados. / Roberto cree que Jaime está preocupado. **Paso 2** 1. no 2. nervioso y preocupado. 3. sí 4. está serio y distraído **Paso 3** *Possible answers:* Carlos es tan mentiroso como Jaime. Carlos es más mentiroso que Jaime. Un jefe no puede tratar a sus empleados igual que a su familia. Carlos está más cansado que nervioso. Carlos es mayor que su hermana. Jaime tiene tantas preocupaciones como Carlos.

Lección 3B

PRIMERA PARTE

Vocabulario

Actividad A 1. c 2. d 3. b 4. d 5. c 6. d 7. a 8. c

Gramática

Actividad D 1. malo 2. bueno 3. malo 4. malo 5. bueno 6. malo 7. malo 8. bueno **Actividad F** 1. Siempre 2. nada 3. jamás 4. ninguna 5. También 6. alguien

SEGUNDA PARTE

Vocabulario

Actividad A 1. c 2. b 3. b 4. a 5. c 6. a **Actividad C** 1. a 2. b 3. c 4. b 5. c 6. a

Gramática

Actividad E 1. c 2. b 3. c 4. b 5. b 6. c **Actividad F** 1. está 2. ser 3. está 4. son 5. están 6. está 7. es

TERCERA PARTE

Vocabulario

Actividad B 1. f 2. e 3. d 4. b 5. h 6. a 7. c 8. g **Actividad C** 1. c 2. a 3. b 4. a 5. c 6. c 7. b 8. a

Gramática

Actividad E 4, 3, 6, 1, 2, 5, 7 **Actividad F** 1. le 2. les 3. les 4. le 5. les 6. le

Para escribir

Antes de escribir
Answers may vary. 1. Carlos 2. Jaime 3. Carlos 4. Jaime 5. Jaime 6. los dos 7. los dos 8. los dos

Lección 4A

Vocabulario

Actividad B 1. d 2. h 3. e 4. a 5. c 6. g 7. b 8. f **Actividad C** 1. cierto 2. falso 3. falso
4. cierto 5. falso 6. falso 7. falso 8. cierto

Gramática

Actividad F 1. otra persona: Leonardo da Vinci 2. yo 3. otra persona: Cristóbal Colón y otros
4. yo 5. otra persona: Neil Armstrong y otros 6. otra persona: Su hermano Wilbur Wright

SEGUNDA PARTE

Vocabulario

Actividad B 1. b 2. c 3. a 4. b 5. c 6. a 7. b 8. b **Actividad C** 1. falso 2. cierto 3. cierto
4. falso 5. cierto 6. cierto 7. cierto 8. cierto

Gramática

Actividad D 1. pretérito 2. pretérito 3. presente 4. pretérito 5. presente 6. pretérito 7. pretérito
8. presente

TERCERA PARTE

Vocabulario

Actividad B 1. S 2. N 3. S 4. N 5. S 6. S 7. N **Actividad C** 1. b 2. c 3. c 4. b 5. a 6. c

Gramática

Actividad E 1. d 2. b 3. c 4. a 5. g 6. h 7. e 8. f

¡A escuchar!

Después de escuchar
Paso 1 que descubrió algo **Paso 2** 1. Carlos y Jaime 2. está loca 3. Dice que Jaime trata de ser
cortés con María. 4. no **Paso 3** *Answers will vary. Possible verbs include:* descubrí: descubrir; hubo,
haber; dijo, decir; mintió, mentir; se encontraron, encontrarse; preguntó, preguntar; volvió, volver;
pasó, pasar; fue, ser; hablé, hablar; dio, dar; regaló, regalar

Lección 4B

PRIMERA PARTE

Vocabulario

Actividad B 1. falso 2. cierto 3. cierto 4. cierto 5. cierto 6. cierto 7. cierto 8. falso

Gramática

Actividad C 1. f 2. e 3. b, d 4. c 5. a **Actividad D** 1. e 2. d 3. g 4. f 5. a 6. b 7. c

SEGUNDA PARTE

Vocabulario

Actividad B **1.** falso **2.** falso **3.** cierto **4.** cierto **5.** falso **6.** cierto **7.** falso **8.** cierto

Gramática

Actividad D, Paso 1 **1.** b, d **2.** b, c **3.** a, d **4.** b, d **5.** a, d **Actividad E** **1.** a **2.** b **3.** b **4.** a **5.** b **6.** c **7.** b

TERCERA PARTE

Vocabulario

Actividad A **1.** d **2.** e **3.** h **4.** g **5.** b **6.** f **7.** a **8.** c **Actividad C** **1.** b **2.** a **3.** c **4.** a **5.** b **6.** b **7.** a **8.** c

Gramática

Actividad E **1.** por **2.** para **3.** para **4.** por **5.** por **6.** para **7.** por **8.** para

Para escribir

Antes de escribir
Paso 2 *Chronological order of events:* 1, 5, 2, 3, 6, 9, 10, 4, 7, 11, 8, 12

Lección 5A

PRIMERA PARTE

Vocabulario

Actividad B 5, 4, 6, 3, 2, 8, 1, 7 **Actividad C** **1.** ventaja **2.** desventaja **3.** ventaja o desventaja **4.** desventaja **5.** ventaja **6.** ventaja o desventaja **7.** desventaja **8.** ventaja

Gramática

Actividad D **1.** a **2.** b **3.** b **4.** b **5.** b **6.** a

SEGUNDA PARTE

Vocabulario

Actividad B **1.** el estéreo **2.** el teléfono **3.** el televisor y el teléfono **4.** el televisor **5.** el teléfono **6.** el televisor y el estéreo **7.** el televisor **Actividad C** **1.** Funciona. **2.** No funciona. **3.** No funciona. **4.** No funciona. **5.** No funciona. **6.** Funciona. **7.** Funciona. **8.** No funciona.

Gramática

Actividad E **1.** f **2.** c **3.** e **4.** d **5.** a **6.** b

TERCERA PARTE

Vocabulario

Actividad B **1.** sedentaria **2.** activa **3.** activa **4.** sedentaria **5.** sedentaria **6.** sedentaria **7.** activa
Actividad C **1.** b **2.** a **3.** b **4.** c **5.** a **6.** a

Gramática

Actividad D **1.** posible **2.** mentira **3.** mentira **4.** posible **5.** mentira **6.** mentira **7.** posible **8.** posible **Actividad E** **1.** c **2.** g **3.** h **4.** e **5.** a **6.** h **7.** d **8.** f

¡A escuchar!

Después de escuchar
Paso 1 Marisela tiene una opinión negativa de Carlos. **Paso 2** **1.** falso **2.** cierto **3.** no había otra persona para hacer el trabajo. **4.** falso **Paso 3** *Possible answers:* **1.** A María le gusta Jaime. **2.** A Carlos no le interesa la viña. **3.** A María y Jaime les interesa saber más del otro. **4.** A Marisela no le cae bien Carlos. **5.** A Carlos no le agrada su trabajo.

Lección 5B

PRIMERA PARTE

Vocabulario

Actividad A *Correct order indicated in parentheses.* **1.** 535.000 (6) **2.** 2.010 (2) **3.** 3.342.615 (8) **4.** 14.200 (3) **5.** 1.739 (1) **6.** 21.998 (4) **7.** 300.300 (5) **8.** 888.002 (7) **Actividad B** **1.** 1873, b **2.** 1010, f **3.** 1623, h **4.** 1286, a **5.** 1312, g **6.** 2052, c **7.** 1492, e **8.** 1776, d

Gramática

Actividad C **1.** e **2.** b **3.** f **4.** a **5.** c **6.** d **Actividad E** **1.** g **2.** e **3.** f **4.** a **5.** h **6.** c **7.** d **8.** b

SEGUNDA PARTE

Vocabulario

Actividad A **1.** c **2.** b **3.** a **4.** b **5.** c **6.** c **Actividad C** **1.** d **2.** g **3.** b **4.** a **5.** e **6.** f **7.** c

Gramática

Actividad E **1.** b **2.** a **3.** b **4.** a **5.** a **6.** a

TERCERA PARTE

Vocabulario

Actividad A **1.** e **2.** c **3.** a **4.** f **5.** d **6.** b

Gramática

Actividad C **1.** distracción **2.** distracción **3.** ayuda **4.** ayuda **5.** distracción **6.** ayuda **7.** ayuda **8.** distracción

Para escribir

Antes de escribir
Paso 1 **1.** Jaime **2.** María **3.** Jaime **4.** María **5.** Jaime **6.** Jaime **7.** Jaime y María **8.** Jaime **9.** Jaime y María **10.** Jaime **11.** Jaime y María **Paso 2** *Chronological order of events (answers may vary slightly):* 1, 2, 10, 7, 8, 5, 6, 9, 11, 4, 3

Lección 6A

Vocabulario

Actividad B   5, 4, 1, 2, 6, 3, 7   **Actividad C**   1. e   2. h   3. b   4. g   5. a   6. d   7. c   8. f

Gramática

Actividad D   3, 8, 1, 6, 5, 2, 4, 7   **Actividad F**   1. d   2. e   3. a   4. f   5. b   6. c

SEGUNDA PARTE

Vocabulario

Actividad A   1. falso   2. cierto   3. cierto   4. falso   5. falso   6. cierto

Gramática

Actividad E   1. ciclista   2. los dos   3. conductor   4. los dos   5. ciclista   6. conductor
Actividad F   1. e   2. d   3. a   4. f   5. c   6. b

TERCERA PARTE

Vocabulario

Actividad A   1. falso   2. falso   3. falso   4. cierto   5. falso   6. falso   7. cierto   8. cierto
Actividad B   1. c   2. g   3. e   4. a   5. h   6. b   7. d   8. f

Gramática

Actividad D   1. d   2. a   3. c   4. a   5. d   6. b   7. d   8. c   **Actividad F**   1. c   2. c   3. a   4. b   5. b
6. a   7. c   8. b

¡A escuchar!

Después de escuchar
Paso 1   Roberto cree que Carlos va a conseguir las firmas y vender.   **Paso 2**   1. cabezona   2. cierto
3. cierto   4. ayudar a los indígenas   **Paso 3**   1. han pasado (¿Qué?: cosas importantes)   2. se han
conocido (¿Quién[es]?: Jaime y doña Isabel)   3. le ha hecho (¿Qué?: una buena oferta; ¿Quién[es]?
Jaime; ¿A quién[es]?: [a doña Isabel]);   4. no he dicho (¿Qué?: eso; ¿Quién[es]?: yo = Roberto)   5. les
ha hecho (¿Qué?: una buena oferta; ¿Quién[es]? Jaime; ¿A quién[es]?: [a Carlos, doña Isabel y María])
6. ha descubierto (¿Qué?: por qué está en Chile Jaime; ¿Quién[es]?: María)   7. has resuelto (¿Qué?: la
vida de todo el mundo; ¿Quién[es]?: tú = Roberto)

Lección 6B

Vocabulario

Actividad A   1. g   2. a   3. d   4. f   5. c   6. b   7. h   8. e   **Actividad C**   1. a   2. c   3. b   4. b   5. c
6. a   7. a   8. a

Gramática

Actividad D **1.** e **2.** f **3.** b **4.** c **5.** a **6.** d **Actividad E** **1.** un estudiante que suele faltar a su primera clase porque se devela **2.** una persona que quiere llevar una vida más sana **3.** alguien que quiere practicar el paracaidismo **4.** una persona que quiere bajar de peso **5.** tu gato, que te despierta a las 5:00 de la mañana todos los sábados **6.** tu compañero/a de cuarto que quemó la cena y le prendió fuego a la cocina

SEGUNDA PARTE

Vocabulario

Actividad B **1.** d **2.** a **3.** b **4.** f **5.** c **6.** e **Actividad C** **1.** pesticidas **2.** fertilizantes **3.** contaminan **4.** se descomponen **5.** proteger **6.** deforestación **7.** peligro de extinción **8.** conservar

Gramática

Actividad E **1.** d **2.** f **3.** b **4.** a **5.** e **6.** c **Actividad F** **1.** d **2.** f **3.** b **4.** a **5.** c **6.** e

TERCERA PARTE

Vocabulario

Actividad A **1.** b **2.** c **3.** c **4.** c **5.** b **6.** a **7.** b **Actividad B** **1.** e **2.** f **3.** g **4.** a **5.** c **6.** b **7.** d

Gramática

Actividad E **1.** c **2.** e **3.** a **4.** g **5.** f **6.** b **7.** d

Lección 7A

PRIMERA PARTE

Vocabulario

Actividad B **1.** ilógico **2.** lógico **3.** ilógico **4.** lógico **5.** ilógico **6.** lógico **7.** lógico
Actividad C **1.** c **2.** b **3.** c **4.** b **5.** a **6.** b

Gramática

Actividad D **1.** b, ilógico **2.** c, lógico **3.** c, lógico **4.** a, lógico **5.** a, ilógico **6.** c, lógico
Actividad F **1.** d **2.** a **3.** e **4.** b **5.** c

SEGUNDA PARTE

Vocabulario

Actividad B **Paso 1** **1.** c **2.** a **3.** b **4.** a **5.** c **6.** c **Paso 2** **1.** e **2.** d **3.** f **4.** c **5.** a **6.** b
Actividad C **1.** la nariz **2.** la garganta **3.** tomar aspirina **4.** usar muletas **5.** te lastimas la espalda **6.** un vendaje **7.** yeso **8.** los dedos

Gramática

Actividad D **1.** Estaba **2.** era **3.** había **4.** tenía **5.** veía **6.** podía

TERCERA PARTE

Vocabulario

Actividad A 1. cierto 2. falso 3. cierto 4. falso 5. cierto 6. falso 7. falso 8. cierto
Actividad B 1. Porque necesita ver si tiene fiebre o no. 2. Tiene dos. 3. Si tienes alergias.
4. Siempre toman la presión de la sangre. 5. Le sacan sangre. 6. Te pesó.

Gramática

Actividad D 1. a 2. b 3. c 4. b 5. a 6. b 7. c 8. a

¡A escuchar!

Después de escuchar
Paso 1 Marisela opina que hay varios factores y razones que explican el cambio de Jaime. Roberto
cree que los sentimientos de Jaime han influido en su decisión. **Paso 2** 1. Roberto 2. Marisela
3. Roberto 4. Roberto **Paso 3** 1. Se marea. (Jaime, reacción) 2. Está enamorado/a. (Jaime,
sentimiento) 3. Me preocupan. (Marisela, reacción) 4. Se enojó. (María, reacción) 5. Se sentía
incómodo/a y preocupado/a. (Jaime, sentimiento) 6. Se sentía avergonzado/a. (Jaime, sentimiento)
7. Se molestó. (María, reacción) 8. Me confundes. (Marisela, reacción)

Lección 7B

PRIMERA PARTE

Vocabulario

Actividad A 1. b 2. a 3. c 4. a 5. b 6. c

Gramática

Actividad D 1. cierto 2. falso 3. falso 4. cierto 5. cierto 6. falso 7. cierto 8. falso
Actividad E 1. socios 2. ambos 3. ambos 4. amigos 5. socios 6. ambos 7. amigos 8. socios

SEGUNDA PARTE

Vocabulario

Actividad A 1. f 2. e 3. h 4. c 5. b 6. a 7. g 8. d **Actividad B** 1. c 2. a 3. g 4. f 5. e
6. b 7. h 8. d

Gramática

Actividad D 1. niño 2. estrella de cine 3. niño 4. ambos 5. estrella de cine 6. ambos
Actividad E 1. llueva 2. falte 3. podamos 4. esté en 5. dé 6. le caiga 7. me hable 8. estime

TERCERA PARTE

Vocabulario

Actividad A 1. se conocen 2. se enamoran 3. se casan 4. terminan 5. se perdonan
6. se divorcian **Actividad B** 1. a 2. c 3. b 4. b 5. c 6. a

Gramática

Actividad D 1. b 2. d 3. f 4. c 5. a 6. e **Actividad E** 1. b 2. a 3. b 4. b 5. b 6. a 7. b

Lección 8A

PRIMERA PARTE

Vocabulario

Actividad A   3, 2, 7, 1, 4, 6, 5   **Actividad C**   1. e   2. a   3. g   4. c   5. h   6. b   7. d   8. f

Gramática

Actividad D   1. e   2. a   3. d   4. g   5. c   6. f   7. h   8. b   **Actividad E**   1. derrochadora   2. tacaño
3. responsable   4. derrochadora   5. responsable   6. tacaña

SEGUNDA PARTE

Vocabulario

Actividad A   Paso 1   1. d   2. a   3. e   4. c   5. b   **Paso 2**   1. seguro   2. seguro   3. deuda   4. deuda
5. seguro   6. deuda   7. deuda   **Actividad B**   1. ambos   2. el que pide prestado   3. el que pide
prestado   4. el que pide prestado   5. el que presta   6. el que pide prestado

Gramática

Actividad E   1. el banquero que presta dinero   2. el banquero que presta dinero   3. el vendedor de
seguro médico   4. ambos   5. el banquero que presta dinero   6. el banquero que presta dinero
7. ambos   8. ambos   **Actividad F**   5, 7, 2, 4, 6, 3, 1

TERCERA PARTE

Vocabulario

Actividad A   1. los recursos naturales   2. la agricultura   3. la industria   4. la agricultura   5. los
recursos naturales   6. la agricultura   7. la agricultura   8. la industria   **Actividad B**   1. c   2. e   3. a
4. f   5. b   6. d

Gramática

Actividad E   1. d   2. a   3. f   4. b   5. c   6. e

¡A escuchar!

Después de escuchar
Paso 1   Marisela y Roberto ofrecen ideas para resolver el problema financiero de la familia Sánchez.
Roberto piensa que la familia Sánchez va a tener que vender la viña.   **Paso 2**   1. cierto   2. pagó sus
estudios   3. falso   4. falso   **Paso 3**   1. contratar a Jaime como administrador / Contratar a alguien es
un gasto y «Sol y viento» no tiene dinero, sino deudas.   2. pedir un préstamo / Nadie va a querer
prestarles dinero por las deudas que tienen.   3. vender parte de la tierra y quedarse con una viña más
pequeña. / La viña ya es pequeña. Además, doña Isabel no estaría de acuerdo.   4. convertir la casa
en un pequeño hotel para turismo selecto. / Hace falta dinero para convertir la casa en hotel.

Lección 8B

Vocabulario

Actividad A **1.** el periódico local **2.** el noticiero nacional / el periódico local **3.** una revista de moda **4.** el noticiero nacional / el periódico local **5.** el periódico local **6.** una revista de moda **7.** el periódico local **Actividad C** **1.** b **2.** f **3.** e **4.** c **5.** a **6.** d

Gramática

Actividad D **1.** a **2.** f **3.** g **4.** c **5.** e **6.** b **7.** d

SEGUNDA PARTE

Vocabulario

Actividad A **1.** ¡Qué aburrido! **2.** ¡Qué apropiado! **3.** ¡Qué pérdida de tiempo! **4.** ¡Qué objetivo! **5.** ¡Qué conservador! **6.** ¡Qué sensacionalista! **Actividad C** **1.** e **2.** a **3.** f **4.** c **5.** d **6.** b

Gramática

Actividad D **1.** e **2.** c **3.** f **4.** d **5.** b **6.** a

TERCERA PARTE

Vocabulario

Actividad A **1.** b **2.** f **3.** c **4.** a **5.** e **6.** d **Actividad C** **Paso 1** **1.** e **2.** b **3.** d **4.** g **5.** f **6.** a **7.** c **Paso 2** **1.** Contribuye al problema. **2.** Crea una solución. **3.** Crea una solución. **4.** Contribuye al problema. **5.** Crea una solución. **6.** Crea una solución. **7.** Contribuye al problema.

Gramática

Actividad E 6, 5, 1, 4, 3, 2 **Actividad F** **1.** prohíbe **2.** obliga **3.** obliga **4.** prohíbe **5.** obliga **6.** permite

Lección 9

¡A escuchar!

Después de escuchar
Paso 1 Marisela cree que María va a darle una oportunidad a Jaime. / Roberto no cree que María esté lista para una relación con Jaime. **Paso 2** **1.** no confía en Jaime **2.** María tendría que arriesgarse con sus emociones para aceptar a Jaime. **3.** María no es de fiar. **4.** cierto **Paso 3** *Answers should include six of the clauses from the following sentences:* • <u>yo no creo</u> que <u>sea</u> tan fácil y tan rápido... (*doubt*) • ¿<u>Qué pasaría</u> en caso de que <u>venga</u> una mala cosecha por el mal tiempo? (*contingency*) • ...<u>doña Isabel y don Paco quieren</u> que Jaime <u>trabaje</u> en la viña... (*volition*) • ...<u>no parece</u> que <u>esté</u> muy convencida. (*doubt*) • <u>Jaime desea</u> que ella <u>sienta</u> por él lo mismo que él siente por ella, pero... (*volition*) • ...para que eso <u>ocurra María tendría que estar dispuesta a perdonarlo y a arriesgarse</u>. (*contingency*) • <u>María no está segura de</u> que Jaime <u>sea</u> de fiar. (*doubt*) • <u>Tiene miedo</u> de que él le <u>mienta</u>. (*emotion*) • <u>No pienso</u> que <u>esté</u> lista para arriesgarse en una relación con Jaime. (*doubt*)

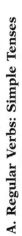

VERBS

A. Regular Verbs: Simple Tenses

INFINITIVE PRESENT PARTICIPLE PAST PARTICIPLE	INDICATIVE					SUBJUNCTIVE		IMPERATIVE
	PRESENT	IMPERFECT	PRETERITE	FUTURE	CONDITIONAL	PRESENT	IMPERFECT	
hablar hablando hablado	hablo hablas habla hablamos habláis hablan	hablaba hablabas hablaba hablábamos hablabais hablaban	hablé hablaste habló hablamos hablasteis hablaron	hablaré hablarás hablará hablaremos hablaréis hablarán	hablaría hablarías hablaría hablaríamos hablaríais hablarían	hable hables hable hablemos habléis hablen	hablara hablaras hablara habláramos hablarais hablaran	habla / no hables hable hablemos hablad / no habléis hablen
comer comiendo comido	como comes come comemos coméis comen	comía comías comía comíamos comíais comían	comí comiste comió comimos comisteis comieron	comeré comerás comerá comeremos comeréis comerán	comería comerías comería comeríamos comeríais comerían	coma comas coma comamos comáis coman	comiera comieras comiera comiéramos comierais comieran	come / no comas coma comamos comed / no comáis coman
vivir viviendo vivido	vivo vives vive vivimos vivís viven	vivía vivías vivía vivíamos vivíais vivían	viví viviste vivió vivimos vivisteis vivieron	viviré vivirás vivirá viviremos viviréis vivirán	viviría vivirías viviría viviríamos viviríais vivirían	viva vivas viva vivamos viváis vivan	viviera vivieras viviera viviéramos vivierais vivieran	vive / no vivas viva vivamos vivid / no viváis vivan

B. Regular Verbs: Perfect Tenses

INDICATIVE										SUBJUNCTIVE			
PRESENT PERFECT		PAST PERFECT		PRETERITE PERFECT		FUTURE PERFECT		CONDITIONAL PERFECT		PRESENT PERFECT		PAST PERFECT	
he has ha hemos habéis han	hablado comido vivido	había habías había habíamos habíais habían	hablado comido vivido	hube hubiste hubo hubimos hubisteis hubieron	hablado comido vivido	habré habrás habrá habremos habréis habrán	hablado comido vivido	habría habrías habría habríamos habríais habrían	hablado comido vivido	haya hayas haya hayamos hayáis hayan	hablado comido vivido	hubiera hubieras hubiera hubiéramos hubierais hubieran	hablado comido vivido

C. Irregular Verbs

INFINITIVE PRESENT PARTICIPLE PAST PARTICIPLE	INDICATIVE					SUBJUNCTIVE		IMPERATIVE
	PRESENT	IMPERFECT	PRETERITE	FUTURE	CONDITIONAL	PRESENT	IMPERFECT	
andar andando andado	ando andas anda andamos andáis andan	andaba andabas andaba andábamos andabais andaban	anduve anduviste anduvo anduvimos anduvisteis anduvieron	andaré andarás andará andaremos andaréis andarán	andaría andarías andaría andaríamos andaríais andarían	ande andes ande andemos andéis anden	anduviera anduvieras anduviera anduviéramos anduvierais anduvieran	anda / no andes ande andemos andad / no andéis anden
caer cayendo caído	caigo caes cae caemos caéis caen	caía caías caía caíamos caíais caían	caí caíste cayó caímos caísteis cayeron	caeré caerás caerá caeremos caeréis caerán	caería caerías caería caeríamos caeríais caerían	caiga caigas caiga caigamos caigáis caigan	cayera cayeras cayera cayéramos cayerais cayeran	cae / no caigas caiga caigamos caed / no caigáis caigan
dar dando dado	doy das da damos dais dan	daba dabas daba dábamos dabais daban	di diste dio dimos disteis dieron	daré darás dará daremos daréis darán	daría darías daría daríamos daríais darían	dé des dé demos deis den	diera dieras diera diéramos dierais dieran	da / no des dé demos dad / no deis den
decir diciendo dicho	digo dices dice decimos decís dicen	decía decías decía decíamos decíais decían	dije dijiste dijo dijimos dijisteis dijeron	diré dirás dirá diremos diréis dirán	diría dirías diría diríamos diríais dirían	diga digas diga digamos digáis digan	dijera dijeras dijera dijéramos dijerais dijeran	di / no digas diga digamos decid / no digáis digan
estar estando estado	estoy estás está estamos estáis están	estaba estabas estaba estábamos estabais estaban	estuve estuviste estuvo estuvimos estuvisteis estuvieron	estaré estarás estará estaremos estaréis estarán	estaría estarías estaría estaríamos estaríais estarían	esté estés esté estemos estéis estén	estuviera estuvieras estuviera estuviéramos estuvierais estuviera	está / no estés esté estemos estad / no estéis estén
haber habiendo habido	he has ha hemos habéis han	había habías había habíamos habíais habían	hube hubiste hubo hubimos hubisteis hubieron	habré habrás habrá habremos habréis habrán	habría habrías habría habríamos habríais habrían	haya hayas haya hayamos hayáis hayan	hubiera hubieras hubiera hubiéramos hubierais hubieran	
hacer haciendo hecho	hago haces hace hacemos hacéis hacen	hacía hacías hacía hacíamos hacíais hacían	hice hiciste hizo hicimos hicisteis hicieron	haré harás hará haremos haréis harán	haría harías haría haríamos haríais harían	haga hagas haga hagamos hagáis hagan	hiciera hicieras hiciera hiciéramos hicierais hicieran	haz / no hagas haga hagamos haced / no hagáis hagan

C. Irregular Verbs (*continued*)

INFINITIVE / PRESENT PARTICIPLE / PAST PARTICIPLE	INDICATIVE					SUBJUNCTIVE		IMPERATIVE
	PRESENT	IMPERFECT	PRETERITE	FUTURE	CONDITIONAL	PRESENT	IMPERFECT	
ir yendo ido	voy vas va vamos vais van	iba ibas iba íbamos ibais iban	fui fuiste fue fuimos fuisteis fueron	iré irás irá iremos iréis irán	iría irías iría iríamos iríais irían	vaya vayas vaya vayamos vayáis vayan	fuera fueras fuera fuéramos fuerais fueran	ve / no vayas vaya vamos / no vayamos id / no vayáis vayan
oír oyendo oído	oigo oyes oye oímos oís oyen	oía oías oía oíamos oíais oían	oí oíste oyó oímos oísteis oyeron	oiré oirás oirá oiremos oiréis oirán	oiría oirías oiría oiríamos oiríais oirían	oiga oigas oiga oigamos oigáis oigan	oyera oyeras oyera oyéramos oyerais oyeran	oye / no oigas oiga oigamos oíd / no oigáis oigan
poder pudiendo podido	puedo puedes puede podemos podéis pueden	podía podías podía podíamos podíais podían	pude pudiste pudo pudimos pudisteis pudieron	podré podrás podrá podremos podréis podrán	podría podrías podría podríamos podríais podrían	pueda puedas pueda podamos podáis puedan	pudiera pudieras pudiera pudiéramos pudierais pudieran	
poner poniendo puesto	pongo pones pone ponemos ponéis ponen	ponía ponías ponía poníamos poníais ponían	puse pusiste puso pusimos pusisteis pusieron	pondré pondrás pondrá pondremos pondréis pondrán	pondría pondrías pondría pondríamos pondríais pondrían	ponga pongas ponga pongamos pongáis pongan	pusiera pusieras pusiera pusiéramos pusierais pusieran	pon / no pongas ponga pongamos poned / no pongáis pongan
querer queriendo querido	quiero quieres quiere queremos queréis quieren	quería querías quería queríamos queríais querían	quise quisiste quiso quisimos quisisteis quisieron	querré querrás querrá querremos querréis querrán	querría querrías querría querríamos querríais querrían	quiera quieras quiera queramos queráis quieran	quisiera quisieras quisiera quisiéramos quisierais quisieran	quiere / no quieras quiera queramos quered / no queráis quieran
saber sabiendo sabido	sé sabes sabe sabemos sabéis saben	sabía sabías sabía sabíamos sabíais sabían	supe supiste supo supimos supisteis supieron	sabré sabrás sabrá sabremos sabréis sabrán	sabría sabrías sabría sabríamos sabríais sabrían	sepa sepas sepa sepamos sepáis sepan	supiera supieras supiera supiéramos supierais supieran	sabe / no sepas sepa sepamos sabed / no sepáis sepan
salir saliendo salido	salgo sales sale salimos salís salen	salía salías salía salíamos salíais salían	salí saliste salió salimos salisteis salieron	saldré saldrás saldrá saldremos saldréis saldrán	saldría saldrías saldría saldríamos saldríais saldrían	salga salgas salga salgamos salgáis salgan	saliera salieras saliera saliéramos salierais salieran	sal / no salgas salga salgamos salid / no salgáis salgan

C. Irregular Verbs (continued)

ser / siendo / sido

INDICATIVE					SUBJUNCTIVE		IMPERATIVE
PRESENT	IMPERFECT	PRETERITE	FUTURE	CONDITIONAL	PRESENT	IMPERFECT	
soy	era	fui	seré	sería	sea	fuera	
eres	eras	fuiste	serás	serías	seas	fueras	sé / no seas
es	era	fue	será	sería	sea	fuera	sea
somos	éramos	fuimos	seremos	seríamos	seamos	fuéramos	seamos
sois	erais	fuisteis	seréis	seríais	seáis	fuerais	sed / no seáis
son	eran	fueron	serán	serían	sean	fueran	sean

tener / teniendo / tenido

INDICATIVE					SUBJUNCTIVE		IMPERATIVE
PRESENT	IMPERFECT	PRETERITE	FUTURE	CONDITIONAL	PRESENT	IMPERFECT	
tengo	tenía	tuve	tendré	tendría	tenga	tuviera	
tienes	tenías	tuviste	tendrás	tendrías	tengas	tuvieras	ten / no tengas
tiene	tenía	tuvo	tendrá	tendría	tenga	tuviera	tenga
tenemos	teníamos	tuvimos	tendremos	tendríamos	tengamos	tuviéramos	tengamos
tenéis	teníais	tuvisteis	tendréis	tendríais	tengáis	tuvierais	tened / no tengáis
tienen	tenían	tuvieron	tendrán	tendrían	tengan	tuvieran	tengan

traer / trayendo / traído

INDICATIVE					SUBJUNCTIVE		IMPERATIVE
PRESENT	IMPERFECT	PRETERITE	FUTURE	CONDITIONAL	PRESENT	IMPERFECT	
traigo	traía	traje	traeré	traería	traiga	trajera	
traes	traías	trajiste	traerás	traerías	traigas	trajeras	trae / no traigas
trae	traía	trajo	traerá	traería	traiga	trajera	traiga
traemos	traíamos	trajimos	traeremos	traeríamos	traigamos	trajéramos	traigamos
traéis	traíais	trajisteis	traeréis	traeríais	traigáis	trajerais	traed / no traigáis
traen	traían	trajeron	traerán	traerían	traigan	trajeran	traigan

venir / viniendo / venido

INDICATIVE					SUBJUNCTIVE		IMPERATIVE
PRESENT	IMPERFECT	PRETERITE	FUTURE	CONDITIONAL	PRESENT	IMPERFECT	
vengo	venía	vine	vendré	vendría	venga	viniera	
vienes	venías	viniste	vendrás	vendrías	vengas	vinieras	ven / no vengas
viene	venía	vino	vendrá	vendría	venga	viniera	venga
venimos	veníamos	vinimos	vendremos	vendríamos	vengamos	viniéramos	vengamos
venís	veníais	vinisteis	vendréis	vendríais	vengáis	vinierais	venid / no vengáis
vienen	venían	vinieron	vendrán	vendrían	vengan	vinieran	vengan

ver / viendo / visto

INDICATIVE					SUBJUNCTIVE		IMPERATIVE
PRESENT	IMPERFECT	PRETERITE	FUTURE	CONDITIONAL	PRESENT	IMPERFECT	
veo	veía	vi	veré	vería	vea	viera	
ves	veías	viste	verás	verías	veas	vieras	ve / no veas
ve	veía	vio	verá	vería	vea	viera	vea
vemos	veíamos	vimos	veremos	veríamos	veamos	viéramos	veamos
veis	veíais	visteis	veréis	veríais	veáis	vierais	ved / no veáis
ven	veían	vieron	verán	verían	vean	vieran	vean

D. Stem-Changing and Spelling Change Verbs

construir (y) / construyendo / construido

INDICATIVE					SUBJUNCTIVE		IMPERATIVE
PRESENT	IMPERFECT	PRETERITE	FUTURE	CONDITIONAL	PRESENT	IMPERFECT	
construyo	construía	construí	construiré	construiría	construya	construyera	
construyes	construías	construiste	construirás	construirías	construyas	construyeras	construye / no construyas
construye	construía	construyó	construirá	construiría	construya	construyera	construya
construimos	construíamos	construimos	construiremos	construiríamos	construyamos	construyéramos	construyamos
construís	construíais	construisteis	construiréis	construiríais	construyáis	construyerais	construid / no construyáis
construyen	construían	construyeron	construirán	construirían	construyan	construyeran	construyan

dormir (ue, u) / durmiendo / dormido

INDICATIVE					SUBJUNCTIVE		IMPERATIVE
PRESENT	IMPERFECT	PRETERITE	FUTURE	CONDITIONAL	PRESENT	IMPERFECT	
duermo	dormía	dormí	dormiré	dormiría	duerma	durmiera	
duermes	dormías	dormiste	dormirás	dormirías	duermas	durmieras	duerme / no duermas
duerme	dormía	durmió	dormirá	dormiría	duerma	durmiera	duerma
dormimos	dormíamos	dormimos	dormiremos	dormiríamos	durmamos	durmiéramos	durmamos
dormís	dormíais	dormisteis	dormiréis	dormiríais	durmáis	durmierais	dormid / no durmáis
duermen	dormían	durmieron	dormirán	dormirían	duerman	durmieran	duerman

D. Stem-Changing and Spelling Change Verbs (*continued*)

INFINITIVE / PRESENT PARTICIPLE / PAST PARTICIPLE	INDICATIVE					SUBJUNCTIVE		IMPERATIVE
	PRESENT	IMPERFECT	PRETERITE	FUTURE	CONDITIONAL	PRESENT	IMPERFECT	
pedir (i, i) pidiendo pedido	pido pides pide pedimos pedís piden	pedía pedías pedía pedíamos pedíais pedían	pedí pediste pidió pedimos pedisteis pidieron	pediré pedirás pedirá pediremos pediréis pedirán	pediría pedirías pediría pediríamos pediríais pedirían	pida pidas pida pidamos pidáis pidan	pidiera pidieras pidiera pidiéramos pidierais pidieran	pide / no pidas pida pidamos pedid / no pidáis pidan
pensar (ie) pensando pensado	pienso piensas piensa pensamos pensáis piensan	pensaba pensabas pensaba pensábamos pensabais pensaban	pensé pensaste pensó pensamos pensasteis pensaron	pensaré pensarás pensará pensaremos pensaréis pensarán	pensaría pensarías pensaría pensaríamos pensaríais pensarían	piense pienses piense pensemos penséis piensen	pensara pensaras pensara pensáramos pensarais pensaran	piensa / no pienses piense pensemos pensad / no penséis piensen
producir (zc) produciendo producido	produzco produces produce producimos producís producen	producía producías producía producíamos producíais producían	produje produjiste produjo produjimos produjisteis produjeron	produciré producirás producirá produciremos produciréis producirán	produciría producirías produciría produciríamos produciríais producirían	produzca produzcas produzca produzcamos produzcáis produzcan	produjera produjeras produjera produjéramos produjerais produjeran	produce / no produzcas produzca produzcamos producid / no produzcáis produzcan
reír (i, i) riendo reído	río ríes ríe reímos reís ríen	reía reías reía reíamos reíais reían	reí reíste rió reímos reísteis rieron	reiré reirás reirá reiremos reiréis reirán	reiría reirías reiría reiríamos reiríais reirían	ría rías ría riamos riáis rían	riera rieras riera riéramos rierais rieran	ríe / no rías ría riamos reíd / no riáis rían
seguir (i, i) (g) siguiendo seguido	sigo sigues sigue seguimos seguís siguen	seguía seguías seguía seguíamos seguíais seguían	seguí seguiste siguió seguimos seguisteis siguieron	seguiré seguirás seguirá seguiremos seguiréis seguirán	seguiría seguirías seguiría seguiríamos seguiríais seguirían	siga sigas siga sigamos sigáis sigan	siguiera siguieras siguiera siguiéramos siguierais siguieran	sigue / no sigas siga sigamos seguid / no sigáis sigan
sentir (ie, i) sintiendo sentido	siento sientes siente sentimos sentís sienten	sentía sentías sentía sentíamos sentíais sentían	sentí sentiste sintió sentimos sentisteis sintieron	sentiré sentirás sentirá sentiremos sentiréis sentirán	sentiría sentirías sentiría sentiríamos sentiríais sentirían	sienta sientas sienta sintamos sintáis sientan	sintiera sintieras sintiera sintiéramos sintierais sintieran	siente / no sientas sienta sintamos sentid / no sintáis sientan
volver (ue) volviendo vuelto	vuelvo vuelves vuelve volvemos volvéis vuelven	volvía volvías volvía volvíamos volvíais volvían	volví volviste volvió volvimos volvisteis volvieron	volveré volverás volverá volveremos volveréis volverán	volvería volverías volvería volveríamos volveríais volverían	vuelva vuelvas vuelva volvamos volváis vuelvan	volviera volvieras volviera volviéramos volvierais volvieran	vuelve / no vuelvas vuelva volvamos volved / no volváis vuelvan

ABOUT THE AUTHORS

BILL VANPATTEN was, until recently, Professor of Spanish and Second Language Acquisition at the University of Illinois at Chicago where he was also the Director of Spanish Basic Language. His areas of research are input and input processing in second language acquisition and the effects of formal instruction on acquisitional processes. He has published widely in the fields of second language acquisition and language teaching and is a frequent conference speaker and presenter. He is also the lead author of *Sol y viento* (2005, McGraw-Hill), *¿Sabías que... ?*, Fifth Edition (2008, McGraw-Hill), and *Vistazos*, Second Edition (2006, McGraw-Hill). He is also the lead author and designer of *Destinos* and co-author with James F. Lee of *Making Communicative Language Teaching Happen*, Second Edition (2003, McGraw-Hill). He is also the author of *Input Processing and Grammar Instruction: Theory and Research* (1996, Ablex/Greenwood) and *From Input to Output: A Teacher's Guide to Second Language Acquisition* (2003, McGraw-Hill), and he is the editor of *Processing Instruction: Theory, Research, and Commentary* (2004, Erlbaum). When not engaged in academic activities, he writes fiction and performs stand-up comedy.

MICHAEL J. LEESER is Assistant Professor of Spanish in the Department of Modern Languages and Linguistics at Florida State University, where he is also Director of the Spanish Basic Language Program. Before joining the faculty at Florida State, he taught a wide range of courses at the secondary and postsecondary levels, including courses in Spanish language and Hispanic cultures, teacher preparation courses for secondary school teachers, and graduate courses in communicative language teaching and second language acquisition. He received his Ph.D. in Spanish (Second Language Acquisition and Teacher Education) from the University of Illinois at Urbana-Champaign in 2003. His research interests include input processing during second language reading as well as second language classroom interaction. His research has appeared in journals such as *Studies in Second Language Acquisition* and *Language Teaching Research*. He is also a co-author on the first edition of *Sol y viento*.

GREGORY D. KEATING is Assistant Professor of Linguistics and Second Language Acquisition in the Department of Linguistics and Oriental Languages at San Diego State University. Before joining the faculty at San Diego State, he taught courses in communicative language teaching and Spanish teacher education at the University of Illinois at Chicago, where he received his Ph.D. in Hispanic Linguistics and Second Language Acquisition. His areas of research include Spanish sentence processing, the role instruction plays in language acquisition, psycholinguistics, and the acquisition of Spanish syntax and vocabulary. His doctoral research explores the relationship between language processing and grammatical competence in the acquisition of Spanish gender agreement. He is a frequent presenter at conferences in the United States and Mexico. He is also a recipient of several teaching awards, including one from the University of Notre Dame, where he received his M.A. in Spanish Literature. In addition to teaching and research, he has supervised many language courses and teaching assistants and has assisted in the coordination of technology-enhanced lower-division Spanish language programs. He is also a co-author on the first edition of *Sol y viento*.

TONY HOUSTON is Assistant Professor of Spanish at Saint Louis University, where he teaches Spanish language, applied linguistics, and teaching methods and where he serves as Coordinator of Basic and Intermediate Spanish. He earned his Ph.D. in Spanish and Second Language Acquisition and Teacher Education at the University of Illinois at Urbana-Champaign in 1996. His research interests include input processing, classroom discourse, and outcomes assessment, as well as applications of learning theory to language instruction. He has authored articles on the role of context and background knowledge in sentence processing, classroom communication strategies, outcomes assessment, and mindful learning. He has developed WebCT materials for the Intermediate Spanish textbook *¿Qué te parece?*, Second Edition (2000, McGraw-Hill). He was a collaborative assistant on the revisions to the second edition of Sandra J. Savignon's book *Communicative Competence: Theory and Classroom Practice* (1997, McGraw-Hill) for the McGraw-Hill Second Language Professional Series.